国語教育選書

国語科授業を変える アクティブ・リーディング

〈読みの方略〉の獲得と〈物語の法則〉の発見

佐藤佐敏 著

明治図書

は じ め に

―国語で「何を学ぶのか」「学んだことをどう使うか」―

「国語が好きだ」と答える子どもは多くありません。

ベネッセ教育総合研究所が「好きな教科」を調査しています。小学校では社会科の次に「とても好きだ，まあ好きだ」と答えた子どもが多くありません。また，中学校では英語に次いで少ない数値です[※1]。殊に，男子は他教科と比して群を抜いて少ない数値となっています[※2]。どうやら，（授業の成果とはあまり関係なく）もともと読書が好きな女子のおかげで，かろうじて最下位を免れているようです。

かく言う筆者も，中学3年まで国語が一番嫌いでした。

それは，国語の授業で，「何ができるようになったのか」「何が身に付いたのか」「何を学んだのか」が，全く分からなかったからです。

それは，「どのように学ぶか」が分からないということでもありました。

他教科は，その点，「何を学んだのか」が明白でした。

他教科では，自分の進歩や成長を確認することができたのに，国語の授業では，それが不明だったのです。

平成28年12月に公示された「幼稚園，小学校，中学校，高等学校及び特別支援学校の学習指導要領等の改善及び必要な方策等について（答申）」の「学習指導要領総則の構造とカリキュラム・マネジメントのイメージ」と「学習指導要領改訂の方向性」には，以下の問いが明記されています。

> 「何ができるようになるか」「何を学ぶか」「どのように学ぶか」

そして，「育成を目指す資質・能力の三つの柱」では，以下の図が記されています。

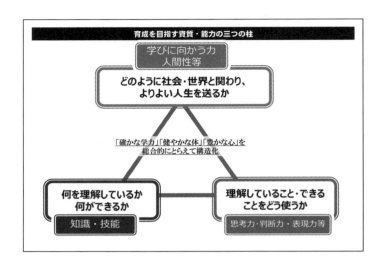

　本書は,「何を理解しているか,何ができるか」を記しました。
　また,「理解していること・できることをどう使うか」を記しました。
　表現を換えれば,「どんな技能や知識を習得するか」を明記し,その「習得した知識や技能をどう活用するか」を明記しました。
　その教材で獲得した知識や技能を,他の作品で活用できること,つまり他の作品に転移することをねらいました。そして,できるだけ〈教室学力〉に囚われず,〈実生活に生きて働く学力〉になることを念頭におきました。

　本書は,1つの試作です。
　もっと「学ばせるべき知識や技能」はあることでしょう。「活用させるべき知識や技能」もあることでしょう。しかし,何はともあれ,1つの試作がなければ,その先には進めません。本書はそういった意味で執筆した試作品です。試作ではありますが,ここに書いた内容はどれも既に学会や講演会等で発表したり,執筆したりしてきた内容であり,いずれも参会者や読者から好意的に受け容れていただいているものです。
　どうやら,筆者と同じように,「国語で(特に文学教材で),何を学ばせた

らよいか分からない，それを明確にしたい」と思っている現場の教師は多いようです。

　本書は，国語の領域の中で殊に「文学の〈読み〉」に焦点付けて執筆しました。実生活に生きて働く〈読み〉の力を如何に高めるかということです。視点を変えると，**〈自立した読者〉**を育てるということです。

　授業で学んだこと（習得した知識や技能）が，教室を離れた実生活の読書場面で活かされることをねらっています。

　授業で学んだ〈読み〉を実生活の読書に主体的に活かしていくことを，本書では便宜的に「アクティブ・リーディング」と名付けます。

　本書は，アクティブ・リーディングを身に付けるために以下の構成をとりました。

第1章 理論編

　理論編では，〈自立した読者〉を育てるための筆者の基本的な考え方を述べました。これまでの国語の授業で隠れていた問題を前景化させています。また，これまでの国語の授業ですでに常識とされていることを再確認しています。

　ここに述べたことがベストでありオンリーワンという提案ではありませんが，〈自立した読者〉を育てるための授業論の1つとして提示した意味はあると思っています。授業を構成する要因は様々あり，様々な方法論が可能であります。本書では，できるだけ明解かつシンプルに提示することを最優先しました。シンプルにした分，粗さがありますが，執筆の意図を汲み取っていただき，ご理解ください。

第2章 準備編

　〈読み〉の授業で特に汎用性の広い**〈読みの方略〉**を10に絞って提示しました。西郷竹彦氏をはじめとして，多くの先人たちの提案や実践に敬意を表して先人たちの知見を引用しております。また同時に，これまでの研究者や実践家があまり言及してこなかった〈読みの方略〉にも光を当てています。

はじめに　5

第3章・第4章 実践編

　小学校と中学校の教材を8つ用意しました。

　それぞれの教材を読み解く際の〈読みの方略〉を明記しました。また，その教材の〈構造〉や〈原理〉を明記しました。その教材の〈構造〉や〈原理〉に汎用性が高い場合，他の作品や映画，ドラマやアニメを読む時にも転移することを期待しています。

　学習指導要領改訂のキィワードである「何を理解しているか，何ができるか」ということについては〈内化〉という用語を使っています。各教材で「どんな知識や技能を獲得させるのか」ということについては〈内化〉という項目でシンプルに示しています。

　また，「理解していることをどう使うのか」については，〈外化〉という用語を使って説明しました。実生活への〈学習の転移〉をねらっています。

　さて，この〈学習の転移〉について，国語科教育界でいち早く「思考方略」に注目していた井上尚美氏（2007：58）は，「『方法』をいくら教えてもダメだ」とする否定的な見解と「『方法』を教えることは有効である」とする肯定的な見解の両者を取り上げ，「転移をめぐる以上二つの考えのどちらに軍配を挙げるべきかは，現在の段階では決定できない。今後さらに実証的な研究が必要とされるところである」と指摘していました。

　筆者は，「『方法』を教えることは有効である」という立場です。

　筆者が，〈読みの方略〉の転移について学会で発表し，評価を受けたのは2009年の学術論文（全国大学国語教育学会編『国語科教育』第六十五集）でした。この論文で筆者は次のことを述べています。

> 　「メタ認知への働き掛け」と「方略に対する有効性の認知」が〈読みの方略〉を転移させる条件である。

　逆に述べますと，方略に対する有効性を実感していなければ，いくら方略

を教えても転移しないということです。「方略を教えても意味がない」といった主張が根強く残っているのは，この方略に対する有用性を子どもたちに実感させていない授業が多かったからです。

　ですので，〈学習の振り返り〉，つまり〈リフレクション〉が大事になるということです。〈リフレクション〉で，獲得した知識や技能の有用性を如何に実感させることができるか——それが〈学習の転移〉の鍵を握っているということです。

　2009年に論文を発表してから今日まで筆者は，〈読みの方略〉の転移に関する論文を発信し続けています。今回の学習指導要領の改訂は，〈学習の転移〉という用語こそ使用していませんが，基本的なコンセプトは同じです。学習指導要領の改訂の方向性のキィワードは以下のとおりです。

> 「何を理解しているか，何ができるか」
> 「理解していること・できることをどう使うか」

本書ではこれを次のように言い換えて述べています。

> 「作品のどんな〈構造〉や〈原理〉を発見するとよいのか」（内化）
> 「どんな〈読みの方略〉を使うとよいのか」（内化）
> 「それらは，どんなふうに他の作品（映画やドラマ，漫画やアニメを含む）に転移できるのか」（外化）

　本書は，筆者がこれまで主張してきた〈読みの方略〉の転移について，可能な限り現場の先生方が使い易いように編集しました。

　実際に授業をしていただき，子どもの事実を基に本提案について，ご意見を頂戴できればと思います。

2017年7月　　　　　　　　　　　　　　　　　　　　　佐藤佐敏

Contents

はじめに―国語で「何を学ぶのか」「学んだことをどう使うか」― 3

第1章
理論編
自立した読者を育てる
アクティブ・リーディングとは？

1 〈家庭の文化資本〉の格差
　　―「自由に書いて」と言われることが「不自由」な子ども― 14

2 浴びるほど読書に浸らせる
　　―読書に親しむ態度は，読書に親しませることで培う― 16

アクティブ・ラーニングの問題

3 その1　フリーライダーと非活性化しているグループ
　　　　―「問題がない」と言うことの問題― 18

4 その2　思考と活動の乖離
　　　　―思考こそをアクティブに― 20

5 作品を読むという営み
　　　―〈根拠〉と〈理由〉の区別― 22

学習への深いアプローチ

6 その1【〈対話〉の組織①】
　　深まる〈対話〉と深まらない〈対話〉 24

7 その2【〈対話〉の組織②】
　　フィンランドの教科書に見る〈対話〉 26

8 その3　知識や経験を賦活し，知識や経験から類推する　30

9 その4　作品の〈構造〉や作品の〈原理〉の発見　32

深い学びの学習サイクル

10 その1　**学習の転移**
―他の作品を主体的に読めるようになること―　34

11 その2　**コンフリクト**
―〈読み〉のズレから起動する〈学び〉―　36

12 その3　**内化**
―〈読みの方略（読むコツ）〉の〈習得〉―　38

13 その4　**外化**
―〈読みの方略（読むコツ）〉の〈活用〉―　40

14 その5　**リフレクション**
―〈読みの方略〉のよさの実感―　42

15 **自立した読者を育てる**
―豊かな〈読み〉のできる子ども―　44

【Column1】
科学の世界では，根拠が変われば定説が覆る―「冥王星が惑星から降格した！」―　28

【Column2】
認知バイアスとダーウィンの進化論―「環境に適応した個体が生き残る」―　46

第2章
準備編
アクティブ・リーディング
〈読みの方略〉10

1	叙述を〈根拠〉として正しく入力する	50
2	既有知識や既有経験を賦活する	52
3	複数の叙述を響き合わせる	54
4	作品の周縁情報を仕入れる	58
5	【物語を分析する観点①】 〈視点人物〉は誰か	60
6	【物語を分析する観点②】 中心人物と対役は誰か	62
7	【物語を分析する観点③】 中心人物の心情はどう変化したか	64
8	【物語を分析する観点④】 様々な作品構造を〈対比〉する	66
9	【物語を分析する観点⑤】 〈メタファー（隠喩）〉を読む	68
10	作品を意味付ける ―自分の世界の再構築―	70

【Column3】
国語科の教室に底流するイデオロギー―ロジックとレトリックを軽視する傾向―　56

第3章
実践編
小学校 定番教材での アクティブ・リーディングの授業

2年	かさこじぞう	74
3年	ちいちゃんのかげおくり	80
4年	ごんぎつね	86
5年	注文の多い料理店	92
6年	やまなし	98

【Column4】
自我関与を促すテンプレート―「もし，あなただったなら（自分だったなら）……」―　97

第4章
実践編
中学校 定番教材での アクティブ・リーディングの授業

1年	少年の日の思い出	106
2年	走れメロス	114
3年	故郷	124

注釈　132

文献　135

おわりに　138

作品の索引　142

Contents　11

第1章

理論編

自立した読者を育てるアクティブ・リーディングとは？

1
〈家庭の文化資本〉の格差
―「自由に書いて」と言われることが「不自由」な子ども―

> 〈家庭の文化資本〉の高い子どもは,「自由に感想を書いていいよ」
> という指示でも,自信をもって自分の感想を書くことができる。
> 〈家庭の文化資本〉の乏しい子どもは,自由に書けない。

思想家の内田樹氏（2008：65）は,これまでの国語の授業でよく行われて
きた「自由感想」について,次のように言っています。

> 「本を読んで自分の感想を自由に書く」というのと,「漢字を百個覚え
> る」というのでは,何となく前者のほうが自由度の高い,学力差のつか
> ない教育法であるような感じがする。
> しかし,家庭内に語彙が豊かで,修辞や論理的なプレゼンテーションに
> すぐれた人間がいる子どもと,そうでない子どもの間では「自分の気持
> ちを自由に表現する」ことにおいてすでに決定的な差が存在するだろう。

親がニュースを見て,それを子どもに分かりやすく解説している家庭と,
バラエティ番組を見ながら暴力的な言葉を子どもに浴びせている家庭では,
その語彙力から表現力まで大きな格差が生まれます。これを**〈家庭の文化資
本〉の格差**と言い,その格差は,残念ながら教室に入る前に既決的です。

どうして日本の国語科教育では,この〈家庭の文化資本〉の格差をスルー
して,「自由に感想を書いてみよう」といった授業を定番としてきたのでしょ
う。そういえば,美術や図工の授業では「自由に絵を描いてみよう」とい
う指示が多いようです。技能軽視の風潮が日本の教育界にはあります。

そして,その教育思潮の中で,例えばお医者さんや公務員といった家庭で

育った子どもたちは，自信をもって自由に感想を述べていました。その一方，貧しい文化資本の中で育った子どもたちは，「自由に書け」という「不自由さ」の中で，その技能を伸ばすことなく，その技能を身に付けることなく社会に出ていきました。

　筆者が，この〈家庭の文化資本〉の格差の問題を大学の授業で取りあげたところ，ある学生は授業後に次のリアクションコメントを寄せました。

> 　文化資本やボキャブラリーの乏しい子にとって，「自由に書け」ということが，いかに不自由なことかということに気づき，はっとしました。私は体育でダンスする時，「まずは曲に合わせて自由に踊っていいよ」という指示にいつもうんざりしていました。ダンスを習っている人なんかは堂々と踊っていたけれど，何の素地もない私は，ただ苦痛であり，空虚な時間でした。「自由に書け」というのも同じだと思いました。（後略）

　毎年，学生からはこのような感想が山のように集まります。

　この学生の言葉を借りれば，「作品を読んで自由に感想を書いてみよう」と言われても，感想を書くことの「素地」がなければ，この国語の授業は，「苦痛」であり「空虚」な時間となるわけです。

> 　〈自立した読者〉として，作品を読んだ後に自分の感想や考えをもつためには，感じたことを言語化できることが前提です。

　もちろん，言語化の方法をすべての子どもに強要する必要はありません。もともと自由に言語化できる子どもは自由に書かせてよいわけです。

　ただ，言語化できない子どもには，その方法を教えてあげることから始めないと，いつまでたっても書けません。

　この問題に私たちはもう少し敏感になっておくべきだと思います。

第1章　理論編　自立した読者を育てるアクティブ・リーディングとは？　15

2
浴びるほど読書に浸らせる
―読書に親しむ態度は，読書に親しませることで培う―

〈自立した読者〉を育てるために，浴びるほど読書に浸らせたい。一日のうちの多くの時間を読書にあてさせたい。そのために，まず教師が読書に浸っていたい。

　本書では，「授業で獲得した作品の〈原理〉が他の作品でも当てはまるか調べてみたい」という動機付けで，同じジャンルの本，同一作家の本，同じテーマの本に手を伸ばしてくれる子どもが増えることをねらっています。実践編では，読書したくなる作品の〈構造〉や〈原理〉を記述しています。

　しかし，「作品を読んだ感想や考えを言語化する方法を教える（読み方を教え，書き方を教える）」からといって，必ず読書量が増えるというわけではありません。まずは，「とにかく読書に親しませること」「読書の楽しさを味わわせる心の内面の醸成」を大切にしたいものです。

　では，子どもたちをどのように読書に親しませたらよいでしょう。

　何よりも「読書っていいな」ということを教師が全身で表現することでしょう。表現の仕方はいろいろあります。

○　給食の時間に一日12分ずつ，本の読み聞かせをする。

○　週一回朝の会を図書館で行い，そこで本の読み聞かせや本の紹介をする。

○　教科書教材の作家の書籍を学級文庫に揃えて，ブックトークする。

○　子どもに読書ノートを書かせて，定期的にコメントを入れる。

○　親子読書を促して親に協力してもらう。

○　定期的に読書会やビブリオバトルなどの読書イベントを行う。

○　アニマシオンに関するゲームを取り入れる。

　まだまだ様々な方法が考えられるでしょう。

大村はま氏（1984：11-15）の読書指導は徹底していました。「読書日記」や「読書ノート」「読書感想文」，そして大村氏が執筆して子どもに配付した「読書生活通信」「私の読書生活評価表」なるものをすべて綴じ込んだ「読書生活の記録」を子どもに持たせていました。読書生活を豊かにすることをねらい，総合的な指導を行っていたわけです。これらを紐解くことで見えてくるのは，大村氏の半端でない読書量です。

まず，教師自身がどれだけ読書をしているかという問題があるわけです。先日，学生から「教員採用試験で『子どもたちにどんな本を紹介したいですか』と聞かれたら先生はどう答えますか」と質問されました。

その際，私は学生に問い返しました。「あなたは，教科書教材の作家の作品は，ほとんど読んであるよね，例えば，宮澤賢治，新美南吉，椋鳩十……。それから，「がまくんとかえるくん」の四部作や，「海のいのち」に関連する『いのちシリーズ』，宮西達也さんの『恐竜シリーズ』……。」

学生は赤面しながら「どれも読んでいません」と回答しました。

　子どもたちを読書に浸らせたいのなら，教師が読書に浸っていることが前提として必要でしょう。

ある書籍の面白さを友だちが語っているのを聞いて，「読んでみたい」と思ったことはありませんか。教師が本の面白さを全身で語ることで，子どもの読書意欲は高まります（あとは物理的な場や時間を保障することです）。

また，並行読書で子どもたちがそれぞれ宮澤賢治の作品を読んだとします。『よだかの星』『風の又三郎』『銀河鉄道の夜』を読んだ子どもたちの感想文に，その作品を読んでいない教師はコメントを返すことができません。教師の読書経験が，子どもに先行していないと支援できないわけです。

大村はま教室の子どもたちの抜群の国語力は，教師大村氏の日頃の読書量に支えられていることを再確認しておきたいと思います。

第1章　理論編　自立した読者を育てるアクティブ・リーディングとは？　17

3

アクティブ・ラーニングの問題 その1

フリーライダーと非活性化している
グループ—「問題がない」と言うことの問題—

「主体的に問題を解決していく人間」を育むためのアクティブ・ラーニングの授業で，パッシブ・ラーニング（受動的な学び）に陥っている場合がある。見逃さないで支援したい。

ディープ・アクティブラーニングを提唱している松下佳代氏の著作物の中で，森朋子氏（2015：53）は，次のように，アクティブ・ラーニングの問題を指摘しています。

アクティブラーニング（ママ）のブームに水を差すわけではないが，その効果をおおいに期待する私としては，多少なりとも現状に危機を感じているのも事実である。……（引用者中略）……フリーライダーの出現や，グループワークの非活性化，思考と活動に乖離がある……（引用者後略）。

1. フリーライダーの出現

〈フリーライダー〉とは，経済学用語であり，社会学でも使用されている用語です。「公共財など，相応の対価を支払わずにその利益を受けている者」という意味です。「話合い」などのグループ学習を組織した時に，4人グループ全員が話合いに参加し，全員の知恵を盛り込んで作品が出来上がればよいのですが，お客さんになっている子どもが出現することがあります。例えば，グループでポスターセッションを作成して発表会をしたとしましょう。

1つの項目も調べず，ポスター書きもせず，人任せにしている子どもはいませんか。発表会で「これから3班の発表をはじめます，礼！」と号令だけしている子どもです。こういった子どもも，実はグループ内で微妙なパワーバランスをとっていると言えないことはありません。しかし，どうせなら学習内容にかかわった，グループ内での貢献を期待したいものです。

2.　グループの非活性化

6つのグループが活動しているとしましょう。6つのグループすべてで活動が充実していれば，それは望ましいですが，そういった状況は案外多くないものです。とても盛り上がって活発に活動しているのが2グループくらいあり，正反対に盛り下がって沈黙が続いているグループがやはり1つか2つはあるものです。研究授業はギャラリー効果でどのグループも張り切りますが，通常の授業において，すべてのグループが活性化しているという状況を作り出すのは簡単ではないでしょう。

3.　問題への対応

どんなに活発な話合いができるクラスでも，「この問題を解決できた」とは思わないほうがよいでしょう。どんなに仲の良い集団でも，ちょっとしたパワーバランスの崩れで，活性化しない対話的活動になりうると考えるところから出発したいと思います。「ありうる」と思って活動を観察することで，〈フリーライダー〉や〈活性化していないグループ〉に気づくことができるからです。気づいたら，その個々の状況に応じて支援すればよいのです。

> 「問題ない」と言ってしまうと，その状況を発見できません。気づかないのですから支援もできません。「問題ない」のが，「問題」です。

教師が介入し過ぎることで別の問題が生じることもありますが，〈フリーライダー〉と〈グループの非活性化〉に教師が気づいていることは重要です。

第1章　理論編　自立した読者を育てるアクティブ・リーディングとは？　19

4

アクティブ・ラーニングの問題 その2

思考と活動の乖離
―思考こそをアクティブに―

> 「活発に活動したり，話し合ったりしている」ことで満足しない。国語の力を身に付けるのが国語の授業である。〈活動あって学びなし〉にならないように〈学び〉を保障する。

1. 授業の定義

皆さんは授業をどのように定義しますか。

> 「できないことが，できるようになる」のが授業であり，「分からないことが，分かるようになる」のが授業です。また，「もっと調べたい，もっと深く学びたい」という気持ちにさせるのが授業です。

国語の授業では，この〈授業論〉が曖昧になってしまいがちです。

〈家庭の文化資本〉の高い家庭で育った子どもは，初めから「分かって」います。初めから「できて」います。読書感想文や作文では，教師の指導と無関係に素晴らしい創作物を提出する子どもがいます。そういった子どもの陰に隠れて，「できない子ども」を「できないまま」にしている実態はないでしょうか。「分からない子ども」を「分からないまま」にしているという実態はないでしょうか。

ここ数年，学習指導要領で「付けたい力」が強調されているのは，この実態を問題視しているからです。

アクティブ・ラーニングの名のもと，活発な活動が繰り広げられる時，

「質の高い学び」が保障されているか授業を自己点検してみましょう。

2. 〈目的〉と〈手段〉の混同

　〈目的〉と〈手段〉が混同されることが，世の中では結構あります。何のためにその活動を行っているのか忘れられる場面です。「教材を深く読む」という目的のもとに，紙芝居を作るというアクティビティを取り入れたのに「見栄えのする紙芝居を作る」ことが目的にすり替わってしまうという場面です。登場人物の言動を正確に読み，登場人物の心情を深く想像することが目的で，紙芝居という手段を取り入れたはずなのに，いつのまにか子どもたちが，描画に夢中になり，美しい絵を作成することそれ自体に熱中していることは，よく見かける授業場面でした。

　こういった状況を〈思考と活動の乖離〉と呼びます。

　また，こういう状況は，〈活動あって学びなし〉と批判されてきました。

3. 問題への対応

　一番困るのは，「楽しそうに子どもが活動しているんだから，この授業でいいのだ」と開き直ることです。「子どもが生き生きと活動している」ことで満足してしまうことです。

　筆者は，開き直った先生を見ると，「これまで，どんな授業をしてきたのだろう」と不安になります。教師が一方的に伝達している授業は子どもにとって退屈です。退屈そうな子どもたちが楽しそうに活動するわけですから，それで満足してしまうのかもしれません。

　しかし，何らかの「国語の力」を付けずして，それは国語の授業と呼んでいいものでしょうか。日頃から楽しい授業をしていれば，「学びのない」状態では満足できないはずです。

　一方的伝達の授業も問題ですが，活動だけで学びがない授業もまた，問題です。

　ウィギンズ＆マクタイは，これを〈双子の過ち〉と呼びました。

第1章　理論編　自立した読者を育てるアクティブ・リーディングとは？　21

5
作品を読むという営み
― 〈根拠〉と〈理由〉の区別 ―

　　作品を読む時，私たちは，本文の情報を入力し，その情報を各自が
　もっている知識や経験にアクセスし，そのうえで解釈を出力している。
　この構造は〈根拠〉と〈理由〉を分けると理解しやすい。

1.〈根拠〉と〈理由〉を区別する

　筆者（2008）は，これまで，〈読み〉の授業において〈根拠〉と〈理由〉を区別することを主張し続けてきました。鶴田清司氏と河野順子氏（2012）の「三点セット」の主張により，〈根拠〉と〈理由〉を区別して〈主張〉することは国語科教育の中でかなり認知されてきています。

　筆者（2011：11）が主張してきた読みのモデルを簡略化して提示します。

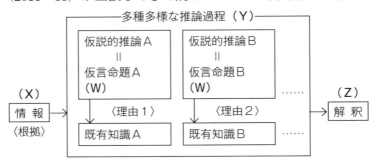

図1　〈解釈のアブダクション・モデル〉

　本文の「Ｃ」という叙述を入力するのと「Ｄ」という叙述を入力するのとでは，出力される解釈は変化していきます。また，同じ「Ｃ」という叙述を入力しても，既有知識「Ａ」にアクセスして考えるのと既有知識「Ｂ」にアクセスして考えるのとでは，出力される解釈は変化します。

2. 同じ叙述に着目していても〈読み〉が違うという現象

下記の課題に，簡単な解答を用意してから，先を読んでください。

> 「男はこぶしを強く握り，込みあげる気持ちを噛みしめていた。」
> 学習課題：男はどんな気持ちでしょう？

多くの人は「悔しさ」や「悲しみ」といった心情を想像したと思います。また，「怒り」や「憤り」，「苛立ち」と考えた人もいるでしょう。そんな中にあって，「喜び」や「嬉しさ」，「闘志」などと想像した人もいるでしょう。誰もが，「こぶしを強く握り」という同じ叙述を入力して考えているはずなのに，なぜ，正反対の解釈が出力されるのでしょう。

「悔しさ」や「悲しみ」と想像した人は「深く肩を落としてこぶしを握りしめている姿」を思い浮かべたことでしょう。一方，「喜び」や「嬉しさ」を想像した人は，例えば，「こぶしを強く握りガッツポーズしているスポーツ選手」の過去の映像が脳裏に映されていることでしょう。

このように，同じ叙述を入力しても，各人がアクセスする既有知識や既有経験が違うと，出力される解釈は全く異なってきます。

これが〈読み〉の面白さです。長い文章になると，このように判断が分かれる叙述がたくさんあります。そもそも，どの叙述を〈根拠〉として入力するかで〈読み〉は違ってきます。つまり，〈読み〉は，どの叙述を入力するか，どういった知識や経験にアクセスするかで決まってくるということです。

> 入力する叙述が〈根拠〉です。
> 根拠に対して，既有の知識や経験で意味付けるのが〈理由〉です。
> そして出力されるものが〈解釈〉であり〈読み〉となります。

6

学習への深いアプローチ　その1

【〈対話〉の組織①】
深まる〈対話〉と深まらない〈対話〉

　一見，活発な対話的活動に見えても，学びの乏しい授業がある。〈空中戦の話合い〉はむなしい。どの叙述を〈根拠〉として，自分の〈読み〉を形成したのか，確かめ合うと対話的活動は深まる。

1.〈対話〉を組織する意味

　着目した叙述が違い，〈根拠〉が異なれば，〈読み〉は変わります。また，同じ叙述に着目しても〈理由〉が違えば出力される〈読み〉は異なります。それが分かると，他人と〈読み〉や〈解釈〉が異なることが怖くなくなります。そして，正反対の〈読み〉を述べる人へも理解が深まります。

　「なるほどね，彼は，自分が見逃していた叙述を〈根拠〉にして考えたんだ。入力した〈根拠〉が違ったんだから，解釈は異なるよね」

　「ほお〜，同じ〈根拠〉に着目したけれど，彼女は，自分には思いもよらない独特の経験にアクセスして，自分と違った〈理由〉に基づいて解釈したんだ。そういう経験をもった人なら，私と正反対の解釈になるよね」

　教師は，これを板書で〈見える化（視覚化）〉して話合いを舵取りしましょう。すると，子どもたちは，〈根拠〉と〈理由〉を区別することのよさを実感します。そして，対話的な活動で自分の意見を言うことに躊躇しなくなりますし，自分と異なる意見を聞くことを楽しむようになります。

2.　学習への深いアプローチ

　さて，前項にて，〈アクティブ・ラーニング〉の問題点を指摘しました。

本項では，「学習への深いアプローチ」について，説明します。

　『ディープ・アクティブラーニング』の中で著者の松下佳代氏（2015：12）は，「学習への深いアプローチ」の例として次のものをあげています。

概念を既有の知識や経験に関連づける　　　（B） 共通するパターンや根底にある原理を探す　（C） 証拠をチェックし，結論と関係づける　　　（A） 論理と議論を，周到かつ批判的に吟味する

　さて，この知識や経験，原理，証拠，結論とは，国語の〈読み〉の授業でどのように捉えたらよいのでしょう。国語の〈読み〉での〈原理〉とは何でしょう。〈結論〉とは何でしょう。〈証拠〉とは何でしょう。

　これについて，（A）（B）（C）の順序で説明していこうと思います。

3．証拠をチェックし，結論と関連付ける

　この作業は，結論として提示された〈読み〉に対して，「そのように考えた証拠は？」と問うことです。授業で「本文のどこに書いてあったの？」「証拠はどこ？」と聞くことです。

　対話的活動が活発に見えても，叙述に〈根拠〉を求めていないため，**〈不毛な対話〉**をしている授業があります。いわゆる**〈空中戦の話合い〉**です。子どもたちが，熱く思いを語っていても証拠が明確でなければ話合いは噛み合わず，浅く面白くない対話で終わります。

　対話的活動や学び合いといった授業を盛んに行っているのに，学力調査でよい結果が出ない学校があります（学力が高まっていない学校があります）。

　こういった学校では，「証拠をチェックする」という「学習への深いアプローチ」が徹底されているか確認しましょう。

　国語で言えば，「証拠をチェックする」ということは「〈根拠〉を確認する」ということ，つまり「叙述に基づいて〈読み〉を述べる」ということです。

第1章　理論編　自立した読者を育てるアクティブ・リーディングとは？　25

7

学習への深いアプローチ その2

【〈対話〉の組織②】
フィンランドの教科書に見る〈対話〉

> 自由に書ける子には自由に〈読み〉を表出させる。自由に書けない子どもにはテンプレートを与え，まずは〈根拠〉と〈理由〉をセットにして〈読み〉を表出させる。

1. 〈テンプレート（文型）〉を提示するフィンランドの教科書

　〈読み〉の表出においては，本文の叙述を〈根拠〉にして，各自の知識や経験に基づき〈理由〉付けをして，解釈を述べるということを習慣化したいものです。この習慣化のためには，様々な方法があります。読解力が高いと言われるフィンランドの教科書を見てみましょう。北川達夫氏が翻訳したフィンランドの教科書（2006：13）の学習の手引きには，次の記述があります。

> 　なぜ，担任の先生は，学校のはじまる日にいなかったのですか。
> 　つぎの書き出しに続くように書きなさい。
> 　「担任の先生は学校にいませんでした。なぜなら……」

　この「なぜなら……」という文型まで与えているところが鍵です。小学校３年生の学習の手引きで，この文型を徹底しています。文型を使って書く活動を続けることで，〈根拠〉や〈理由〉を述べることを身体化させているわけです。もちろん〈家庭の文化資本〉の高い子どもは，文型を嫌い，もっと自由に書きたいと言うかもしれません。そういう子どもは自由に書かせてもよいですが，書けない子どもには，フィンランドの教科書を真似して文型を

26

与えるのがよいと私は考えます。まずは，〈根拠〉をあげる文型です。

「本文に，『……』と書いてある。」と書かせるのです。「○ページの△行目に」と頁数と行数も書かせると話合いの交流がより鮮明になります。

2. 〈理由〉についての〈テンプレート（文型）〉例

　小学校低学年では，〈根拠〉を述べる〈読み〉を徹底させたいものです。小学校中学年以降は，この〈根拠〉に〈理由〉をプラスして〈読み〉を表出できるとよいでしょう。「白いぼうし」（作：あまんきみこ）を例に説明します。

> 学習課題：おかっぱのかわいい女の子は，たけのたけおくんが捕まえた
> 　　　　　ちょうちょが変身した姿なのでしょうか？
> （指示）「本文に『……』と書いてある。もし，……なら，……だ。だ
> 　　　から……」という文で答えてみましょう。

　この「もし，……なら，……だ。だから……」というテンプレート（文型）はとても有効です。子どもたちは次のような解答を寄せます。

　「もし，普通の女の子なら，自分の家の前とか，マンションの前で降りると思う。」「もし，ふつうの人間なら，『四角い建物ばかりだ』とは言わずに，『高いビルばかりで，道に迷った』と言うはずです。」

　「本文に『女の子が，後ろから乗り出して，せかせか』言ったとあります。もし，ちょうちょでないなら，『せかせか』言わずに，ふつうに言ったと思います。追いかけられてるから『せかせか』言ったんです。」

　筆者は小学2年生の「スイミー」と「お手紙」にてこの文型で子どもに解答を書かせました。小学4年生であれば全員に近い子どもが使えるはずです。

> 　「本文に『……』とある。もし……なら，……だ。だから……」という
> 文型で〈根拠〉と〈理由〉をセットで述べることを習慣化させましょう[3]。

第1章　理論編　自立した読者を育てるアクティブ・リーディングとは？　**27**

Column 1

科学の世界では，根拠が変われば定説が覆る
—「冥王星が惑星から降格した！」—

　2006年の夏，新聞を読んでいた私は目を疑いました。国際天文学連合（ＩＡＵ）が，冥王星を惑星から準惑星に降格させたという見出しが飛び込んできたからです。実に発見されてから76年を経ての降格だということでした。

　「冥王星が惑星であるということは定説だろ？　水金地火木土天海冥（すいきんちかもくどてんかいめい）と覚えさせられたぞ。最後の『冥（めい）』がなくなるの？そんな修正が科学の世界であっていいの？」

　……そんな疑問をもちながら，定説が覆った根拠や理由が知りたいと私は思い，新聞を読み進めました。

　すると，「電子望遠鏡の技術革新が進むなかで，冥王星と同じ程度の大きさの星がたくさんみつかった」ということが記されてあります。しかも，他の惑星と比べて冥王星は小さかったということです。冥王星は他の惑星より圧倒的に小さいのだから，ここは「準惑星」に落ち着いてね，という判断が下されたということでした。

　冥王星よりも大きい星がみつかったということは，新しい事実がみつかったということです。つまり新しい〈根拠〉が加わったということでもあります。

> ### 新しい〈根拠〉が加われば，出力される〈解釈〉は修正されます。

　そういえば，野口英世が黄熱病の病原体を発見したという報道も，その後，訂正されました。野口英世は光学顕微鏡で病原体を探し，病原体らしい微生物を発見しました。しかし，その後，電子顕微鏡が開発され，野口英世がどんなに実験を繰り返してみても，けして見ることのできなかった真犯人のウィルスが発見されたわけです（福岡伸一2007：29-46）。

　このように，科学や医学の世界では，工学系の技術革新によって，新たな事実が判明し，その事実を〈根拠〉としてそれまでの定説が訂正されることは少なくありませ

ん。──いや，これは正しい表現ではありません。

科学の世界では，そもそも〈定説〉などというものはありません。
すべてが〈仮説〉に過ぎないのです。

そういえば，健康に関する情報は横溢しており，どれが正しいのか判断のできない相反する「○○説」なる主張がたくさんあります。例えば，ダイエット関連の情報は，どれを信じたらよいのでしょう。私たちは，とりあえず〈根拠〉が怪しいものや，〈理由〉のおぼつかないものは敬遠するはずです。

さて，国語の〈読み〉に話を戻してみましょう。

筆者（2012：50-57）は，「国語の〈読み〉は仮説的推論であり，修正されるべき宿命を負っている」ということを発表し，その後様々な場面で発信してきました。「自分には気づかない本文からの〈根拠〉がみつかれば，最初に考えた〈読み〉は修正する（更新する）のが自然ですよ」……という見解です。

そもそも自分の〈読み〉が最適解であるなどということはありえません。自分が見過ごした〈根拠〉がないということはほとんど「ない」からです。自分の知識や経験からは導けない〈理由〉があるからです。

新しい〈根拠〉がみつかれば，仮説は修正されます。それは科学の世界では当たり前のことです。これは，国語の〈読み〉においても言えるはずです。

話合いや学び合いで，自分の考えが修正されたり，更新されたりすることは，実にスリリングで楽しい作業です──それを子どもたちに実感させたいものです。

第1章　理論編　自立した読者を育てるアクティブ・リーディングとは？　29

8

学習への深いアプローチ　その3
知識や経験を賦活し，知識や経験から類推する

> 知識や経験にアクセスして，類推すると深い理解に導かれる。入力情報に関する知識はないか，埋もれている経験はないか，知識や経験を掘り起こすことを習慣化したい。

1．知識や経験がない時は調べる

　作品を読んでいる時，目は確かに文字を追っていたはずなのに，全く頭に映像が浮かばず，もう一度同じところを読み返すことはありませんか。これは入力された情報が脳に届いていない状態です。

　次に，文字情報が脳に届いているにもかかわらず，映像が思い浮かばないことがあります。これは，自身のもっている知識や経験にアクセスしていないか，実際それに関する知識や経験がない状態です。

　こういった時に〈動作化〉や〈劇化〉というアクティビティを用意することがあります。そして，〈動作化〉することで，「ああ，主人公は，こんな気持ちだったんだな」と実感をともなった理解が促されるわけです。

　例えば，「大造じいさんとがん」（作：椋鳩十）では，「ガン」と「ハヤブサ」の知識にアクセスしないことには，「残雪」の統領としての素晴らしさは伝わりません。これは，水鳥である「残雪」が，鋭いくちばしと爪をもった猛禽類と勇敢に闘ったからこそ感動するわけです。

　知識が全くない場合は，「自ら事典や辞書などで調べる」という習慣を付

けさせる必要があります。鍛えられている教室の子どもたちは1時間の間に何回も自ら辞書をひいています。

2. 自身の知識や経験から類推する

　叙述を〈根拠〉としても〈読み〉が形成されない場合，埋もれている自身の知識や経験を想起させる必要があります。中学校の定番教材「扇の的」（『平家物語』）を例にしましょう（佐藤佐敏2013：114-142）。

> **学習課題：扇を射る前に与一は扇を射切る自信はあったのでしょうか。**

　これは，〈視点人物〉の目線から見える風景が人物の心情とシンクロしているということを押さえるのに適した学習課題です（60頁）。

　この学習課題にて，「海へ六間ばかり馬を乗り入れたが，それでもまだ，扇との間は四十間余りはあると見えた」という叙述を〈根拠〉とする子どもがいます。ここを〈根拠〉とした子どもは，「的に近付こうと馬を海に入れたのだから，自信がなかった」と答えます。ある時，野球部の子どもが，この叙述を〈根拠〉として次のように答えました。「四十間というのは，野球で言えば，外野フェンスの近くからノーバウンドでキャッチャーミットにストライクを投げるようなものだ。イチローだって難しい。自信なんてないだろう。」

　当然のことながら，四十間離れたところから弓をひいて的を射るという経験など誰もありません。しかし，この野球部の子どもは，自分の野球の経験から類推して，その挑戦を受ける困難さを推論したわけです。

　このように，「自身の知識や経験」を基にしながら作品を読み解くと，深い理解に導かれます。子どもたちに習慣化させたいところです。

> 　埋もれている知識や経験を掘り起こさせましょう。似た経験を基に，アナロジーをはたらかせる（類推する）思考を奨励しましょう。

9

学習への深いアプローチ その4

作品の〈構造〉や作品の〈原理〉の発見

> 「なんとなく」を〈言語化〉させてあげる。〈根拠〉を確認していくと，作品の〈構造〉や〈原理〉が見えてくる。そのパターンを発見させて，他の作品を読む時に〈転移〉させる。

1.「なんとなく……」という子どもの発言の〈言語化〉

〈根拠〉が述べられないと，〈空中戦の話合い〉になるとお話しましたが，問題はそれだけではありません。叙述に〈根拠〉を求めないと，作品の〈構造〉も作品の〈原理〉も見えてきません。「なんとなく，……と感じた」「うまく言えないけど，……だと思った」といった〈読み〉を表出させていても，次の作品を読むための〈読みの方略（読み方）〉が増えていかないのです。

「なんとなく……だと思う」という子どもの解答を見逃さず「なんとなく」を〈言語化〉させてあげるのが，国語の授業です。

「どの叙述から，そう思ったの？」と〈根拠〉を明確にし，「どうして，その叙述から，そう感じたの？」と〈理由〉を明確にすることで，「なんとなく」を〈言語化〉させてあげましょう。

免許状更新講習で本件をレクチャーしたところ，受講された先生方の多くが，「なんとなく」の〈言語化〉の必要性に触れていました。以下は，その中のお一人のコメントです。

算数の授業で，子どもたちに自分の考えを説明させる時，「まず……」「次に……」「よって……」などのことばを使わせながら，分かりやすく発表させることを意識していた。しかし，国語の読みとなると，感じ方

は一人一人違うのだから,「なんとなく」という発言を許していた。どうやら,私は思い違いをしていたようだ。国語なのだから,それを〈言語化〉させてやらなければならないという,当たり前のことに気づかせてもらった。

2. 共通するパターンや根底にある原理を探す

「おおきなかぶ」を例にして説明しましょう。

学習課題:「ねずみさんが入って,かぶがぬけてよかった」とＡさんが感想を言いましたが,「いぬ,ねこ,ねずみ」の順序が,「ねずみ,ねこ,いぬ」だったらどうですか? かわりませんか。

順序が変わっても(総力量は同じですから)「かわらない」という子もいるでしょう。でも,「最後がねずみだからいい」という子もいるでしょう。〈理由〉を尋ねましょう。これは,「強くて大きい者から弱くて小さい者」の順に配列されているから作品に緊張感が走るのであり,クライマックスで「一番弱くて小さな者が活躍する」から作品の面白さが爆発するわけです。

ゆさぶり:「一番弱くて小さな者が活躍する話」ってほかにありませんか。

子どもたちからは『お月さまってどんなあじ?』(M・グレイニエツ)『ガラスめだまときんのつののヤギ』(白ロシア民話)などの話があがるでしょう。
この発見は,「学習への深いアプローチ」の1つ,作品に〈共通するパターンや根底にある原理〉の気づきに当たります。こういう作品構造の発見は,〈学習の転移〉が図られます。他の作品を読んだり見たりする時に,「この作品の面白さは,一番弱い主人公が最後に大活躍するところにあるんだよね」というように,同じ〈読み方〉を活用して〈言語化〉できるわけです。

第1章 理論編 自立した読者を育てるアクティブ・リーディングとは? 33

10

深い学びの学習サイクル その1

学習の転移
―他の作品を主体的に読めるようになること―

> 〈コンフリクト〉で学習の意欲付けを図り，問題解決の過程で知識や技能を獲得させる。様々な問題解決場面で知識や技能を活用させて，有用性を実感させよう。

1．深い学びに誘う学習サイクル

　すでに何度も引用している『ディープ・アクティブラーニング』では，次のような学習サイクルが深い学びに誘うと言っています。紙幅の関係で筆者が縮約しました（文責は筆者にあります）。

> 1　〈コンフリクト（ズレ，葛藤，対立）〉で学習の意欲付けを図る。
> 2　〈コンフリクト〉の解決を図る知識や技能を発見する。……〈内化〉
> 3　習得した知識や技能を活用して問題解決を図る。　　……〈外化〉
> 4　〈リフレクション〉で，活用した知識や技能のよさを実感する。

　これは，大変，応用範囲の広い学習サイクルです。例えば，美術で説明しましょう。最初に，レオナルド・ダ・ヴィンチの『最後の晩餐』の絵と，俵屋宗達の『関屋図屏風』を子どもに見せます。
　「2つの絵を比べてみよう．どこが違うかな？」と尋ねます。そして，

「どっちの絵が好き？」と尋ねます。〈コンフリクト〉を起こすわけです。

　すると，「西洋の絵と日本の絵だ」といった違いから，「近景と遠景」という構図の違いや「片方は13人だし，片方は16人が描かれている」といった細部の違いがあがります。その中で，「ダ・ヴィンチの絵は奥行きが感じられるけど，俵屋宗達の絵は平面的だ」といった意見もあがるはずです。ここで，ダ・ヴィンチの絵で使われている遠近法を発見します。この知識や技能の習得が〈内化〉です。一点透視法を説明し，それを校舎や神社などの写生で活用〈外化〉させると，子どもの描画はこれまでよりも格段に上達します。授業後に，獲得した技法について〈リフレクション〉すれば，子どもたちは，その技法のよさについて実感をともなった感想を書くでしょう。

> 学習サイクルのスタンダード（標準）は
> 〈コンフリクト〉→〈内化〉→〈外化〉→〈リフレクション〉です。
> 最終ゴールは，習得された知識や技能が他の場面に転移することです。

2. 国語の授業での学習サイクル

　技能分野である「書くこと」領域や「話すこと・聞くこと」領域では上記のスタンダードをすぐに適用できるでしょう。

　例えば，「短歌の鑑賞文を書く」という単元では，子どもに「これまでの学習を踏まえて鑑賞文を書いて」とレディネス課題を出して，その鑑賞文と，去年の先輩の書いた鑑賞文（モデル）を比較させます。この〈コンフリクト〉から，子どもたちは，先輩の鑑賞文で使われている〈コツ〉を発見するわけです。「先輩は五感すべてを使って情景を想像している」，「表現技法の効果に触れている」，「歌人の生い立ちから歌人の心情も推測している」といったように。その後は，その〈コツ〉を使って好きな歌人の短歌の鑑賞文を書かせ，対話的活動（相互交流）をさせると，その〈コツ〉のよさを実感し，次年度の俳句や和歌などの鑑賞に〈学習の転移〉が図られていきます。

11

深い学びの学習サイクル その2

コンフリクト

―〈読み〉のズレから起動する〈学び〉―

〈素朴概念〉との違いから生まれる〈コンフリクト〉のない作品で，共通の〈問い〉を生むのは難しい。〈読み〉の授業では，子ども同士が発する感想の〈コンフリクト〉を取りあげる。

1.〈素朴概念〉との違いからくる〈コンフリクト〉

社会科の授業にて「日本が一番輸入しているものって何だと思う？」と尋ねてみましょう。「石油」「木材」「小麦」などの資源を思い浮かべることでしょう。答えは「機械類（の総量）」です。これで子どもたちは日本の貿易を詳しく調べてみたい」という追究意欲をもちます。これは，〈素朴概念〉で説明できない事象を提示した〈コンフリクト〉による目的意識の醸成です。

理科や社会，そして算数（数学）といった問題解決型の教科では，こういった〈素朴概念〉との〈コンフリクト〉は比較的設定しやすいものです。

2. 子どもが生んだ問いは個人で追究させる

ところが，〈読み〉の授業では，全員が共通にもつ〈コンフリクト〉は生まれにくいものです。確かに，「海のいのち」（作：立松和平）では，作品に内在する仕掛けで，「なぜ太一は瀬の主にもりを突かなかったのだろう」という同じ問いをもたせることができます。「白いぼうし」（作：あまんきみこ）でも，「女の子は，本当の人間だったのかな，ちょうちょだったのかな」といった問いが生じるでしょう。作品構造が，そのような推理を欲するように出来ている教材は，苦労しません。

36

しかし，通常，同じ作品を読んでも，関心の向かう箇所は一人一人の読者によって異なります。ですから，子どもたちがみな同じ〈問い〉をもつというのは不自然です。「全員が共通に追究意欲をもつ課題を生む」と考えるのは幻想でしょう。子どもの生む〈問い〉に基づく授業では，子どもたちは自分の〈問い〉を表出せず，教師がどんな〈問い〉を求めているのか探り，それを表出しようとしていることがあります。また，自分の〈問い〉を横において，仲間の〈問い〉に付き合ってあげている子どもがいます。

子どもの〈問い〉は，発展的学習として個人で（同じ問題意識をもつ仲間と一緒に）追究させる時間をとればよいでしょう。他の仲間が発した〈問い〉に全員の子どもを付き合わせる必要はありません。

3. 子ども同士の感想のズレから目的意識を醸成する

では，どうしたらよいでしょう。筆者は，子ども同士の感想のズレを取りあげて提示することで〈コンフリクト〉を生じさせるとよいと思います。「モチモチの木」（作：齋藤隆介）を例にします。

学習課題：皆さんの感想を2つ読みます。まず，Aさん。「豆太は，おくびょうだと思った。1人で夜中に外に出られないんだから。」次にBさん。「豆太はほんとうはきっと勇気があるんだと思う。」（ここで間を置き，子どもから「え，どっち？」という声があがるのを待って）さて，豆太は，おくびょうですか？　勇気がありますか？

この課題から豆太の二面性が読み取れます。臆病であり，勇気があるのです。豆太の二面性は，モチモチの木が，昼と夜で別の顔をもっていることと響き合います[4]。「どちらも有り」という構造は，月が照っている夜に雪が降るという日に起きた奇跡とも共鳴し合うわけです。

第1章　理論編　自立した読者を育てるアクティブ・リーディングとは？　37

12

深い学びの学習サイクル その3

内化
―〈読みの方略（読むコツ）〉の〈習得〉―

> 〈読み〉の授業では，他の作品でも活用できる〈読みの方略〉を〈習得〉させる。他作品に共通する知識や，他作品でも使える技能を子どもたちに発見させる。

1.〈読み〉の授業で〈内化〉するもの

　平成20年改訂の学習指導要領から「付けたい力」が前景化しました。画期的なことだったと思います。国語はどうしても学習内容が曖昧になります。どんな力を身に付けるのか不鮮明になりがちです。

　この単元で，何を習得させるのか。この教材で，どんな知識や技能を獲得させてやるのか。これを明確にすることが，深い学びを成立させるための条件になるわけです。

　筆者は，〈読みの方略〉こそを子どもたちに習得させるべきだという提案をしています。提案する背景には，14頁〜15頁に記載した〈家庭の文化資本〉の格差を問題視しているからです。日頃の読書量のおかげで〈読みの方略〉を内化している「読める子」だけが作品を読めて，読めない子はいつまでたっても読めないという〈格差を助長する授業〉を疑問視しているのです。

　〈読みの方略〉というのは，〈読み方〉〈読みのコツ〉〈読みの武器〉〈読みのスキル〉〈読みのストラテジィ〉といった言葉にも置き換えられます。本書では第3章の実践編から，〈読み方〉という用語を使うことにしています。

2. 習得させるべき〈読みの方略〉にはどんなものがあるのか

　これは国語科教育学の学問が追究すべき大きな学術テーマの１つでしょう。筆者は，〈学習用語〉との関連で押さえておくことが必要だと考えます。〈学習内容〉は〈学習用語〉とリンクしています。〈学習用語〉を理解し，しかも，その〈学習用語〉を適切に運用していくことができるということは，〈学習内容〉が身に付いたということと同義になるからです。

⑴　〈内化〉させたい知識

　〈内化〉する知識として一番注目したいのは，32頁〜33頁に記した「作品の〈構造〉や作品の〈原理〉です。ここでは１つだけ例示しましょう。

　少年少女を主人公とした作品の多くは，「いつものところ」を出発し，「いつものところ」に帰るまでに起こる事件を描き，成長する過程を描いています[5]。

⑵　〈内化〉させたい方略

　上記の知識に基づき，次の〈読みの方略〉を骨肉化していると，作品の〈構造〉や作品の〈原理〉の読み取りが容易になります。

　最初の「いつものところ」の描写と，最後の「いつものところ」の描写を〈対比〉して，違いを明確にすると発見があります。

　〈対比〉する対象は様々です。人物同士の〈対比〉，場面の〈対比〉，事物の〈対比〉，主人公の変化の〈対比〉……いろいろあります。その〈対比〉という〈読みの方略〉を駆使すると，作品の魅力が浮き彫りになってきます（66頁）。教材「星の花が降るころに」では，最初と最後の「銀木犀」を〈対比〉することで，前に歩き出そうとしている主人公の姿が顕在化します。

　これは，〈対比〉という〈読みの方略〉を獲得することで，〈家庭の文化資本〉の乏しい子どもでも獲得できる〈読み〉です。すべての子どもたちに，このような〈読みの方略〉を数多く獲得させてあげたいと思います。

第１章　理論編　自立した読者を育てるアクティブ・リーディングとは？　39

13

深い学びの学習サイクル その4

外化

― 〈読みの方略（読むコツ）〉の〈活用〉―

入力した〈読みの方略（読むコツ）〉は，出力しないと大脳皮質に固定されない。だからこそ，〈活用〉させる〈外化〉という活動を組織する。

1. 〈読みの方略〉を活用したほうがよいのはなぜか

脳科学における「記憶の定着」に関する研究を紐解いてみましょう[6]。

1 記憶の記銘……短期記憶として海馬に獲得される。
2 記憶の固定……短期記憶が長期記憶としてファイリングされ，大脳皮質に転送固定される。
3 記憶の想起……長期記憶に保存されていたファイルを作業場に再生させて活用する。
4 記憶の再固定……記憶を再生することで，記憶の固定が強化される。

より詳しく知りたい方は脳科学関連の専門書に当たってください。

しかし，専門書籍を当たらなくても，ここに書かれていることは誰もが経験的に理解できるでしょう。〈読みの方略〉を獲得させても，それを〈活用〉させないと，それは海馬で作業しただけで終わり，大脳皮質に固定されません。入力した知識や技能を出力してあげること（〈外化〉）をしないと，長期記憶としてファイルされません。これまでの国語の〈読み〉の授業は，海馬で作業して終わっているパターンが多かったということです。発見した知識

40

や技能は，どこかで〈活用〉させたいものです。大脳皮質に転送し，固定した知識や技能を正しく想起させて，再固定化を図り，確固たる知識や技能として定着させていきたいのです。

　しかし，ここで注意したいことがあります。〈記憶は嘘をつく〉ということです。想起する際に脳内でバグが起こり，誤った想起をすることが人間には多々あります。〈勘違い〉や〈思い込み〉は誰にでもあるでしょう。

　記憶は嘘をつきます。だからこそ，想起する際には，間違った想起をしていないか，点検することを習慣化したいものです。

2.〈習得〉した〈読みの方略〉をいつ〈活用〉させたらよいか

　記憶の固定，想起，再固定化には，それぞれ最適な時期があるでしょう。どのタイミングで，そしてどんな方法で〈活用〉させたらよいのかという問題は，教材によって現実的に考えることになります。

　幾つかの例をあげましょう。

　1）〈習得〉したその授業時間内で，即〈活用〉する学習活動を組織する。

　2）同一教材の違う場面で，〈活用〉する場面をつくる。

　3）同一単元内で，違う教材を持ち込んで，〈活用〉する場面をつくる。

　4）違った時期の違う教材の〈読み〉の授業で，想起させ〈活用〉する場面をつくる。

　5）実生活の様々なメディアを対象に〈活用〉する場面を提示する。

　このほかにもあるでしょう。いずれにせよ，教材の特性や授業のねらいに応じながら，〈活用〉する場面を用意したいものです。

　また，〈活用〉を促す教師の指導言も様々に考えられます。

　「〈対比〉を使って，次の作品を読んでみましょう」と，獲得した〈読みの方略〉を意識させて〈活用〉を図らせる場合もあるでしょう。また，「次の作品を読んでください」という指示だけで，子ども自らがこれまで習得した〈読みの方略〉の〈活用〉を促す方法もあるでしょう。教材や，子どもの実態，〈読みの方略〉の理解度に応じて提示方法も工夫してみましょう。

第1章　理論編　自立した読者を育てるアクティブ・リーディングとは？　41

14

深い学びの学習サイクル その5

リフレクション
― 〈読みの方略〉のよさの実感―

> 獲得した作品の〈構造〉や〈原理〉が，他作品でも活用できること
> を実感する。獲得した〈読みの方略〉が他でも活用できることを実感
> する。そういった〈リフレクション〉を取り入れる。

1. 授業の〈まとめ〉における基本

昨今，「授業において『学習課題』を明示し，それに対応する『まとめ』を行う」という授業スタイルが，各都道府県，市町村の行政主導で進んでいます。「確かな学力」を定着させる方法として，「学習課題」と対応して「まとめ」をするというのは，理に適っています。筆者は賛同します。

ただ，〈読み〉の国語の授業において，毎時間それを徹底するのはナンセンスです。それは，〈内化〉させる作品の〈構造〉や作品の〈原理〉に関する知識や〈読みの方略〉を毎時間獲得させることができるわけではないからです。また，獲得させた知識や技能を毎時間〈活用〉するように授業を仕組むことも困難だからです。国語の〈読み〉の授業に絞って言えば，可能なかぎり「学習課題」に対応した「まとめ」を心掛けたいですが，現実的には臨機応変に行うしかないでしょう。

2. 〈学習の転移〉を促進させるための〈リフレクション〉

認知心理学の〈学習の転移〉の研究では次のように言われています。

> 学習の転移は，有用性を実感すると起きやすい[7]。

42

作品の〈読み〉の場面において「知識や技能の有用性を実感する」ということは，次のようなことを指します。

発見した作品の〈構造〉や作品の〈原理〉を使って他作品を読み解いたら，作品がすっきりと理解できた！　獲得した〈読みの方略〉を活用して他作品を読み解いたら，その作品がすっきりと理解できた！

こういった実感をもった子どもは，獲得した作品の〈構造〉や作品の〈原理〉，〈読みの方略〉をこれから出会う作品でも活用していこうとするでしょう。〈リフレクション〉で，この実感を記述できたら最高です。

3. 様々な〈リフレクション〉のパターン

(1) 他者からの賞賛

また，自分自身で有用性を実感するだけでなく，他者からの賞賛で，獲得した知識や技能のよさを確認するということもあります。

(2) 教師の板書

現実的には，どのタイミングで〈リフレクション〉するのかという問題があります。

単元全体を通した場合，作品全体を振り返る場合，上述のような〈内化〉と〈外化〉を経た後の〈リフレクション〉を組織したいものです。ただ，毎時間ごとに行う〈リフレクション〉はそういきません。「よさの実感」は別の時間に任せ，その時間では獲得した作品の〈構造〉や〈原理〉，〈読みの方略〉について，〈学習用語〉を黒板に明示し，それを記述させて「まとめ」としなければならないことも多いはずです。また，鍵語を使ってノートに「まとめ」させるということもあるでしょう。

中学生であれば，漫画やアニメ，映画やドラマ等から似た作品を想起させることで，作品の〈構造〉や〈原理〉についての気づきを実感をともなった理解にしてあげたいところです。

第1章　理論編　自立した読者を育てるアクティブ・リーディングとは？　43

15
自立した読者を育てる
―豊かな〈読み〉のできる子ども―

「自由に書きなさい」と言われても書けない〈家庭の文化資本〉の乏しい子を〈自立した読者〉に育てるためには，〈言語化〉するための〈読みの方略〉を活用することのよさを実感させる。

1.〈読み〉の授業を行うのはなぜか

そもそも，なぜ〈読み〉の授業があるのでしょう。なぜ，〈読み〉の授業をする必要があるのでしょう。

読書好きな子どもを育てる。

正確に読める子どもを育てる。

豊かに読める子どもを育てる。

様々な回答があるでしょう。筆者は，どれも正しいと思います。ここで，2人の論客の言説を引用します。

「読みの『方略』を獲得するということは，その子どもが一人の読者として自立していく上で，抜き差しならない大切な営みである」（山元隆春氏）

「従来の学習心理学における転移の研究がほとんど，自然に生じる転移としての『偶発的転移』しか扱ってこなかった。……（引用者中略）……転移させることを意図して，積極的な方策をとったうえでの『意図的転移』はあまり扱われていない」（市川伸一氏）

いずれも大きな問題提起を孕んだ提言です。

これまでの国語の授業は、〈家庭の文化資本〉の豊かな子どもたちが経験的に読めている〈読み〉を表出させ、偶発的な転移を期待していました。

　いや、偶発的な転移さえ意識していない教師がほとんどだったでしょう。

　〈家庭の文化資本〉の豊かな子どもが、偶然鋭い〈読み〉に気づいたとしましょう。それを教師が机間支援で発見し、意図的指名でそれを発表させても、他の子どもにその〈読み〉が〈習得〉されるかは不明です。ましてや、他の子どもが、他の作品でその〈読み〉を活用する確率は低いでしょう。

　〈家庭の文化資本〉が豊かでない子どもたちの〈読み〉の力を向上させるには、曖昧であった〈読みの方略〉を他の作品を読む時に〈転移〉できる子どもを育てるべきです。

　昨今、〈習得〉と〈活用〉という概念が導入され、〈習得〉した知識や技能が、他の場面で〈活用〉されることをねらう授業が増えてきています。

　しかし、「読むこと」領域では、何を学習内容として〈習得〉させるのかが依然曖昧なままです。子どもたちが感じた〈読み〉を交流させているだけでは、何が〈習得〉されたのかが不鮮明です。

　市川氏が述べるように、〈読みの方略〉を獲得させたうえで、その方略の意図的転移を図る授業を組織してはどうでしょうか。

　こういった提言をすると、「教師の枠組みに子どもを押しつけようとしている」「子どもの主体的な〈読み〉が育つのか」といった批判があがります。そもそも主体的に読めている子どもは、このような授業を組織しても、その主体性を損ないません。また、主体的な自由な〈読み〉も保障して、主体的に読んだ〈読み〉を紹介し合う場もあわせて設ければよいだけの話です。

　問題は、〈家庭の文化資本〉が豊かでなく、「感想も〈言語化〉できない」という子どもです。彼らに作品の〈構造〉や〈原理〉、〈読みの方略〉に気づかせ、それを使って作品を読む楽しさを教えてあげたいと筆者は思っています。作品の〈構造〉や〈原理〉、〈読みの方略〉の有用性を実感すれば、彼らは、読書する喜びや楽しみの幅を広げていくはずです。

第1章　理論編　自立した読者を育てるアクティブ・リーディングとは？　45

Column2

認知バイアスとダーウィンの進化論
― 「環境に適応した個体が生き残る」 ―

　「〈読み〉は仮説的推論に過ぎない。更新されるべき宿命を負っている。」と筆者は書きました。

　ところが，自分の考えをなかなか更新したり，修正したりしたがらない子どもがいます。「A or B」といった学習課題であれば，どんな〈根拠〉を聞いても，どんな〈理由〉を聞いても，自分の〈読み〉の正当性ばかりを主張して，なお一層，意固地になっていく子どもです。

　先生方はクラスの数人の子どもの表情が思い浮かぶことでしょう。

　「自分の考えをもてない」子どもは問題です。

　が，「自分の考えにこだわり過ぎる」子どももまた困ります。

　認知心理学では，「一度自分の仮説を正しいと思ってしまうと，仮説を反証しようとする事例を無視しようとすること」を〈確証バイアス〉と呼びます。平たく述べると，「一度，Aという仮説を支持すると，それと反対の意見やデータ，理由，すべてを受け容れたくなくなる心の動きが，人間にはある」ということです。これは，程度に差はありますが，人間誰にもあるバイアスです。

　また，「一度自分の仮説を正しいと思い込んでしまうと，その後に得られた事例をすべて自分に都合よく解釈してしまう」傾向のことを〈追従バイアス（追認バイアス）〉と呼びます。例えば，大学生には次のように説明します。

　「たまたまある授業でA子さんと同じグループで意見が一致したとします。『お，オレたち気が合うかも』と思い込んだ場合，その後廊下ですれ違った時にA子さんが笑顔であいさつしてくれた姿を見て，『お，彼女はオレに気があるな』と勘違いしてしまうような場合です。その後の彼女の言動を「お，誘ってくれというサインだ！」などと都合よく受け止めると，撃沈という悲劇が待っているわけです。これを〈追従バイアス〉と言うのです。」

　作品の〈読み〉においても，ある仮説を支持すると，本文の情報を自分に都合よく

解釈する場合があります。

　筆者は，「こういったバイアスを無くしなさい」と述べているのではありません。「私たち人間には，そういった認知バイアスがあるということを自覚しませんか」と言いたいのです。「反対意見を聞いて一層自分の意見に固持してしまうのは，『バイアスにハマっているカッコ悪い姿なんだ』と気づいたほうがいいですよ」と言っているのです。

　そもそも，自分の考えに固執しすぎる人と一緒にいると，疲れますよね。

「こだわらないということにこだわりたい」ものです。

　小学校高学年であれば，これらの認知バイアスを教えて，「バイアスにハマってるよ」と直球で指摘してもよいと思います。

　ところで，進化論で有名なダーウィンが次のようなことを言ったという通説があります（文献は不確かであり，真偽は不明です）。

　「生物の進化の過程の中で，強い個体が生き残ってきたわけではない。

　恐竜は死に絶えた。

　では人類が生き残っているのは，知恵があるからだろうか。

　地球上で一番繁栄しているのは，人類ではなく，昆虫である。

　環境に適応した個体が，生き残っていくのだ。」

　現代社会は，様々な情報で溢れています。

　一度決めた信念を貫く生き方は，美しくカッコよいです。

　ただ，自分の考えを反証する確かな情報に出会った場合は，涼しい顔で仮説を修正したいものです。見苦しくなる前にさばさばと。

　認知バイアスに注意して，しなやかに生きていきたいものです。

第1章　理論編　自立した読者を育てるアクティブ・リーディングとは？　**47**

第2章

準備編

アクティブ・リーディング〈読みの方略〉10

　ここからは，様々な作品を読む時に汎用できる〈読みの方略〉を10に絞って説明していきます。Ｂ・Я・プロップ（1987）は，『昔話の形態学』のなかでロシアの民話を分析して，登場人物の機能を31種に類別しました。

　これに限らず，物語の〈構造〉は，人物設定，ストーリィ展開，レトリックに至るまで，様々な観点から様々に類型化できます。例えば，内田樹氏（2010：85-88）は，「スーパーマン」や「スパイダーマン」といった映画を取り上げ，次のように述べています。「アメコミのスーパーヒーロー物語は，ある設定を共有しています。それは『理解されない』ということです。……（引用者中略）……活躍するのだけれど，どういうわけか必ず誤解されて，メディアからバッシングを受ける。……（引用者中略）……これは国際社会のなかでのアメリカ人のセルフ・イメージなんじゃないかな」

　こういった原理に気づくと，映画を観賞する面白さがぐっと広がります。このような原理を子どもたちにも気づかせたいと筆者は思っています。では，どういった原理を知っていると他の作品を読む時の助けとなるのでしょうか——これまで，日本の国語科教育の世界では，一部の研究家や実践家を除いて作品の原理を探るということは重要視されてきませんでした。

　本書では，1つの試作として，小学校から中学校の教科書教材と同程度の作品を読む際，汎用性があると思われる〈読みの方略〉を10に絞って説明します。この〈読みの方略〉が最重要ではありませんし，ここで提示するものより汎用性のある〈読みの方略〉もあることでしょう。本書であげた10の〈読みの方略〉を皮切りに，様々な議論が交わされることを願っています。

1
叙述を〈根拠〉として正しく入力する

次に示すのは池田久美子氏（2008：96）の論文からの引用です。
2つの新聞投書を読んでみてください。

　　先日，某国立大学付属病院に外来で痔（じ）疾の診察を受けたところ，
教授に随伴する医学生十数人が周囲をおっとり囲み，次々と触診し，あ
げくの果ては患部を露出したまま教授の長々とした学生向けの説明があ
り，消え入りたいような屈辱の思いを味わわされた。（略）いやしくも
身体の恥部を衆人の眼前にさらさせて当然と心得る医学教育に公憤を禁
じ得ない。（略）　　　　　　　　　　　〈兵庫県　Ａ　公務員　五十九歳〉

（略）もちろん苦痛があって来院しているのに，学生の問診があったり，
患部を前にして講義されるのは不快なことでしょうが，もっと温かい目
で医者の卵を見てはもらえないでしょうか。学生たちも別に好奇の目で
患者を見ているのではないし，少しでも多くのことを学んで，将来の医
療に役立てようとしているのです。（略）　〈富山市　Ｂ　学生　十九歳〉

この2つの投書を読んで，皆さんはどんな感想をもちましたか。
　学生Ｂの投書は，実は大きな問題を孕んでいます。読者の皆さんは，その
問題に気づきましたでしょうか。以下の解説を読む前に，もう一度ゆっくり
と2つの文章を読み比べてください。

……………………………

　学生Ｂは，公務員Ａの叙述を勝手に変換していますね。
　例えば，公務員Ａさんは，「触診」されたと言っているのに，学生Ｂは，
「問診」と言い換えています。「問診」は，「いつから痛みますか」「どんな痛

みですか」などと口頭で尋ねられることです。一方，若い学生十数人から「触診」されるのは想像したくないほど辛いことです。

　また，「消え入りたいような屈辱の思い」をしているのに，「不快なこと」と言い換えてもいます。不快なことは，よくあることです。渋滞に巻き込まれたであるとか，蚊に刺されたであるとか，日常的に経験しています。しかし，どうでしょう。「消え入りたいような屈辱の思い」は，数年に一度味わうかどうかといった経験ではないでしょうか。

　このほか，「患部を露出したまま教授の長々とした学生向けの説明」も，「患部を前にして講義される」となっています。「講義」と言われると，大学教育の一環の正当性が保証されます。

　筆者は大学の授業で毎年100名以上の学生に2つの投書を読ませています。しかしながら，学生Bが，「叙述を正確に引用していないこと」に気づく学生は，毎回5％程度しかいません。

　「叙述を正確に入力する」ということは，簡単なようですが，意外と出来ないものなのです。そして，「正確に引用していない文章」を読んでも，そのことに気づかないものなのです。

　筆者は大学の授業の最後に，必ずリアクションペーパーを記述させて，それを提出させています。それを読むと，筆者の説明力にも問題があるのでしょうが，学生たちがその講義内容を正確に受信していないと思うことが時折あります。「そこまで言ってないのになあ」「誤って受け取られてしまったなあ」と脱力したくなる場面です。

　人間の脳は自分の都合のよいように受信しようとして，不具合を起こすものです。まずは「叙述を正確に入力する」ことを徹底させたいものです。

　発信されている文字を正確に入力するのは，極めて当然のことですが，それが案外難しいというところから出発すべきだと筆者は思います。

第2章　準備編　アクティブ・リーディング〈読みの方略〉10　51

2
既有知識や既有経験を賦活する

「ごんぎつね」（作：新美南吉）において，ごんが兵十にまつたけやくりを届けるシーンがあります。この場面の描写について，鶴田清司氏（1993：78-79）は，次のような解釈を述べています。

〈くりをどっさり拾って，それをかかえて〉という表現に注目している実践例は意外と少ない。……（引用者中略）……栗のイガに触れたときの痛さは何とも言えない（私は両方の靴で踏みつけながらイガを割いた記憶がある）。〈ごん〉が自分でイガを割いたとしたその苦労は並大抵のものではないだろう。しかも，そのたくさんの実をこぼさずに〈かかえて〉運んで来るのも大変なことである（もっとも，イガのついたまま〈かかえて〉もってきたとしたらもっと大変である）。

筆者は，鶴田氏の解釈を読むまでごんのこの言動を軽くスルーしていました。こんなにも兵十に心を寄せているごんの気持ちを実感をともなって理解できてはいなかったのです。鶴田氏の解釈を読んで，私も父親と栗のイガを剥ぎ取った幼い日のことを思い出し，その大変さに思いを馳せました。そして，それまでの自分の〈読み〉の浅さに恥ずかしくなりました。

具体的な経験にアクセスすると実感をともなって理解できるわけです。

もう1つ，「海のいのち」を例にあげましょう。

太一は，なぜクエを打たなかったのかという問題に対して，筆者は，「身体が硬直して，打てなかった」という仮説をもっています（佐藤佐敏2016）。例えば，「魚がえらを動かすたび，水が動くのが分かった」という叙述を拾ってみましょう。皆さんは，海に入って，身体を波にさらわれそうになった経験はありませんか。前に進んでいるつもりなのに，波に流されていたとい

う経験です。「魚がえらを動かすたび，水が動くのが分かった」というのは，とてつもない大物です。その水の動きを太一は肌で感じているわけです。

　太一は，「打たなかった」のではなく「打つように身体が反応しなかった」と考えたほうが自然なのではないでしょうか。これはスポーツの経験を想起すると分かります。例えば，柔道では，組手の腕力で相手の手強さが伝わり意思とは関係なく身体が硬直するということがあるでしょう。どのスポーツでも，きっと似た経験があるはずです。「こう思うことによって」という表現は，反応しない身体が先にあり，遡及的に打てない理由を意味付けたと考えられるわけです。

　このように，作品の叙述と自身の経験の往還を図らせてみましょう。

　既有知識を形成する過程には，直接的体験，読書や伝聞等の間接的体験があります。登場人物の行為や知覚と全く同じ直接的体験に基づいた解釈であれば，聞き手はその解釈に深く首肯します。間接的に蓄積された知識よりも，実体験から形成された知識に基づいた解釈のほうが，その理由の説得力に与える影響は大きいでしょう。豊かな経験に裏打ちされた知識を賦活することは，蓋然性の高い解釈を支えると言えます。

　しかしながら，アクセスした実体験と文章内の情報が似ているものの完全には一致しないという場合は，自分の体験に引きつけて作品を読んでしまうがために，恣意的な解釈に陥る危険性もあります。ここは慎重になる必要があります。もし，解釈に深度というものがあるとしたならば，それはどういった知識や経験にアクセスして出力されたのか，という知識や経験の質に左右されると考えられます[8]。

> 　登場人物の心情をより深く理解するためには，登場人物と可能なかぎり似た状況に立ったことのある直接的体験を想起したり，間接的な体験にアクセスしたりして，その体験を基に登場人物の心情を類推したいものです。

3
複数の叙述を響き合わせる

〈読み〉は，叙述を入力し，経験や知識にアクセスして出力されるものです。入力する叙述を〈根拠〉と呼びました。前項では，〈理由〉にあたる経験や知識の質について説明しました。本項では，入力する〈根拠〉について説明します。

一般的に「推論の妥当性は，帰納的根拠の事例数に比例する」と言われます。つまり，たくさんの叙述を〈根拠〉として導いた推論の蓋然性は高いということです。したがって，多くの叙述を〈根拠〉として拾い出すと，出力される〈読み〉の確からしさは高まります。

もちろん，たった１つの事例でもってそれまで正しいと考えられていた科学的定説が覆ったということも世の中にはあるので，〈根拠〉が多いからといってその〈読み〉が間違いないというものではありません。

しかし，可能なかぎり多くの叙述を拾いあげていく習慣を子どもたちに身に付けさせたいものです。子どもたちは，１つの〈根拠〉をノートに記述して満足してしまいます。この場合，数を指定して，「○つの〈根拠〉をあげよう」という指示を付け足すとよいでしょう。

さて，この時に，似た叙述でありながら変化をともなっている叙述というものが結構あります。変化をともなった，似た叙述同士を響き合わせると，作品の根幹にかかわる１つの〈読み〉が見えてきます。

例えば，皆さんもお馴染みの「呼称」で考えてみましょう。新美南吉の「ごんぎつね」では，兵十がごんに対して，「ごんぎつねめが，またいたずらをしに来たな（傍点筆者）」と言っていたのが，「ごん，おまえだったのか。いつも，くりをくれたのは（傍点筆者）」に変化します（87頁参照）。この呼

54

称の叙述を比較するだけで兵十の心情が伝わってきます。

〈呼称の変化〉は，語り手の心情や登場人物の心情が，率直に吐露されるものですから，特に注視させたい方略です。

このほか，〈変化のある反復〉に気づくことで，〈読み〉に深みが出てきます。似た事物を描写しているのに，また，同じ言動を描写しているのに，その表現が微妙に変化しているのは，単なる文脈上の問題ではなく，そこに意味があるからだと考えられます。

「竜」（作：今江祥智）では，主人公の三太郎が吐く息が，事件の前と後で次のように変化しており，心の余裕の有様を暗示しています。

（物語のはじめ）「そんな三太郎がときどきつくため息が，……」
（物語のおわり）「（三太郎は）ああんと一つ小さなあくびをして考えた。」
（傍点はいずれも筆者）

このような相違を見つけると，〈読み〉は一段と楽しくなります。

次は，『平家物語』の「扇の的」の最初のシーンで見てみましょう※9。

「をりふし北風激しくて，磯打つ波も高かりけり。舟は，揺り上げ揺りすゑ漂へば，扇もくしに定まらずひらめいたり。」

与一が神に祈った後，この描写が，変わります。

「風も少し吹き弱り，扇も射よげにぞなつたりける。」

単なる情景描写としてさらっと読んでもかまいません。が，〈視点人物〉である那須与一の眼を通して情景がそのように見えたと解釈してみると，一族の命運をかけなければならない与一の心の揺れと，神に祈ることで覚悟が固まったという心情が，対照的に描かれていることに気づきます。

２つ以上の叙述を響き合わせたり，比べて違いを確認したりすることで，〈読み〉の世界は広がるのです。

第２章　準備編　アクティブ・リーディング〈読みの方略〉10　55

Column3

国語科の教室に底流するイデオロギー
―ロジックとレトリックを軽視する傾向―

　日本の国語科教育はこれまで，〈ロジック（論理）〉と〈レトリック（修辞）〉を軽視してきたようです。技術立国として奇跡的に戦後復興した自国に対する疚しさがあるのでしょうか。ロジックにもレトリックにも無関心を装うことがスマートだと思われてきたのでしょうか。

　長くなりますが，日本の国語科教育に蔓延する欺瞞を摘発している内田樹氏（2012a：240-242）の言説を引用します。

　　クリエイティブな言語活動というのは，他人の用法を真似ないことだと勘違いした人がいた。できるだけ「できあいの言語」を借りずに，自分の「なまの身体実感」を言葉に載せれば，オリジナルな言語表現ができあがると思い込んだ。でも，これはたいへん危険な選択です。僕たちの言語資源というのは，他者の言語を取り込むことでしか富裕化してゆかないからです。先行する他者の言語を習得し，それを内面化し，用法に合うような身体実感を分節するというしかたでしか僕たちの思考や感情は豊かにならない。／でも，他人の言葉を模倣することを潔しとしない人たちがいる。それよりは，自分のリアルな身体実感を（どれほど貧しくても）自分の手持ちの語彙だけで表現したい。そのほうが「ピュア」だと思っている。／この言語についてのイデオロギーによって日本人の言語資源は恐ろしいほど貧しくなったと僕は見ています。……（引用者中略）……／これは日本近代の国語教育を支配していたイデオロギーの悪しき帰結だと僕は思っています。「自分の思ったままを言葉にしなさい」と教えられてきた。……（引用者中略）……手持ちのわずかな語彙と貧しい修辞法だけで表現しなさい。借り物の言葉を使うのはよくないことだと教えられてきた。

　他者の言語を取り込むことで自らの表現が富裕化していくということについて，他

の論客の言説もみてみましょう。文芸評論家の清水良典氏（2012：23）は，『あらゆる小説は模倣である。』にて，著名な作品がみな模倣の産物であるということを好意的に暴露しています。

> 　夏目漱石は，十九世紀ドイツの作家Ｅ・Ｔ・Ａホフマンの『牡猫ムルの人生観』から影響を受けて，あのデビュー作『吾輩は猫である』を書いた。文化人に拾われたオス猫が文字の読み書きを覚えて書いた回想録という設定で，……（引用者中略）……基本的なアイデアがきわめて近い。／今日だったらまちがいなく盗作の疑惑が寄せられたことだろう。

　『あらゆる小説は模倣である。』には，森鴎外の『舞姫』，井伏鱒二の『黒い雨』，村上春樹の『風の歌を聴け』など，このような刺激的な事例を数多く掲載しています。
　構造主義に立てば，「完璧なオリジナルは存在しない」ということは極めて当然なことです。しかしながら，国語科教育の歴史的思潮において，他者の言語や表現を取り込むことは奨励されてきませんでした。教育の場なのですから，他者の言語や表現を取り入れた技能や方略を培う授業に，もっと積極的になってよいのではないでしょうか。
　その身体化と富裕化には，名文を繰り返し音読するであるとか，視写するといった方法が有効です。模倣するとか真似をするといった意識なく，身体に言葉が馴染むように浸透していくからです。

4
作品の周縁情報を仕入れる

　文芸評論の学術的世界では，作家論から読者論へのパラダイム転換が起きて久しいですが，この読者論を国語科授業にどのように落とし込んでいったらよいのかという問題は，大変難しいところです。多くの研究者や実践家が，様々なアプローチをとっていますが，ここでは，西郷竹彦氏（1979：19）の，極めて現実的かつシンプルな言説を引用します。

　「作者について何ほどかのことを説明して本文に入っていくといいでしょう。」

作品や作者の周縁情報はノイズと捉え，作品だけで〈読み〉の創出を目指したほうがよい場合もあります。その逆で，周縁情報を知らないで作品を解釈しても薄っぺらな〈読み〉で終わることもあります。したがって，作品や作者の周縁情報を，どういった作品の場合に，どの程度子どもに伝えたほうがよいのかという問題は〈読み〉を大きく左右します。

　また，作者の周縁情報を与える場合も，授業の最初に与えたほうがよいのか，最後に与えたほうがよいのか，これも難しい問題です。

　作品や子どもの実態に応じて，それらを吟味していくことが教師には求められます。ただ，ある程度の周縁情報を読み手に伝えることで，作品に深みを感じさせ，関連する作品をもっと読んでみたいという読書意欲を喚起させることができるのは確かです。

　「ごんぎつね」を例にします。皆さんは，作者新美南吉について，どれほどの情報を子どもに提供して作品を読ませていますか。

　新美南吉は，1913年，愛知県半田町（現在：半田市）に生まれました。4歳で実母と死別し，その後，祖母に預けられ，しばらくしてから実家に帰さ

れて継母に育てられます。「ひとりぼっちの小ぎつね」という表現や，ごんの「おれと同じ，ひとりぼっちの兵十か」という台詞は，南吉の生い立ちと響き合います。作者に関するこの情報は，「うなぎのつぐない」を超えて，ごんが兵十に心を寄せていく過程を後押しします。また，野に火を放つという，悪戯の域に収まらないごんの触法行為についても，仕方のないことだという気分にさせます。同じ本文の叙述を入力しても，寂しい幼年時代を過ごした南吉の知識を賦活すると，ごんの言動を容認する方向で解釈したくなります。そして，その情報は，本作品を読む際にマイナスの情報とはならないでしょう。

　また，詩「月夜の浜辺」では，作者中原中也に関する情報をどれくらい子どもに与えているでしょう。「月夜の晩に　拾つたボタンは　／　指先に沁み，心に沁みた。　／　月夜の晩に，拾つたボタンは　／　どうしてそれが，捨てられようか？」と詠まれたのは，中也が愛児文也を亡くす直前です。語り手の心中を察する時，その不安や心痛を想像しないわけにはいきません（文也が亡くなったのは昭和11年11月10日であり，掲載雑誌の関係から，同年の10月から11月6日の間に執筆されたと推定されています[10]）。本来あるべき服から離れて浜辺に落ちているボタンは，この世から連れ去られる愛児の姿とも，社会から疎外された思いを抱いている中也の姿とも響き合います。語り手がボタンを抛れるはずがないわけです。このように，中也の状況にかかわる情報をもっていたほうが作品の味わいは深くなります。

　そして，いずれは，教師から情報を与えられるのを待つのではなく，自ら進んで作者の周縁情報を調べることを促していきたいものです。

　作家や作品の周縁情報を活用して〈読み〉を創出することは素晴らしいことです。必要に応じて，子どもたちが自ら作品に関する必要な情報を入手しようとする態度を養いたいものです。
　タブレットが傍にあれば，自ら調べる子どもに育てたいものです。

5

【物語を分析する観点①】

〈視点人物〉は誰か

〈視点人物〉については，西郷竹彦氏の「文芸の理論」における「キツネとカモ」の話が有名です（1968：26）。ここでは，学生向けに西郷理論を筆者がアレンジした2つの文を提示します。

> 例文1　おや，またここでA美さんにバッタリ会った。これは偶然ではないな。運命だ。よし，これからお昼を一緒に食べないか，誘ってみよう。
>
> 例文2　あら，またB男くんだ，困ったなぁ。こんな時間に。まさかお昼に誘ってくることはないと思うけど，面倒だから，足早に立ち去ろう。

46頁で説明した「追従バイアス（追認バイアス）」の悲劇（喜劇）を2つの立場から例文にしてみました。

例文1を読んでみましょう。〈視点人物〉はB男です。ですので，私たちは，B男になってドキドキしたり，「B男よ，うまく誘えよ」と応援したりする気持ちで読み進めることになります。一方，例文2を読んでみましょう。〈視点人物〉はA美さんです。ですので，私たちはA美になって困ったり，「A美さん，うまくかわしてね」と声をかけたりする気持ちで読み進めます。

このように，全く同じ場面であっても，〈視点人物〉を誰にするかで，描かれる世界は正反対になるわけです。私たちは〈視点人物〉の気持ちになり，〈視点人物〉に**〈同化〉**して作品を読みます。〈視点人物〉の気持ちは理解できますが，〈視点人物〉でない人物の心情は，逆立ちしても推測することしかできません。例文1では，〈視点人物〉であるB男くんに〈同化〉してい

60

る読み手に，Ａ美さんが警戒していることは分かりません。また，例文２を読んでも，Ｂ男くんが自信をもって誘おうとしているところまでは分かりません。

〈視点人物〉が誰なのかによって，見える世界は異なります。

　このように考えると，〈視点人物〉を捉えることは〈読み〉の基本であると言えます。小学校中学年には教えたほうがよいでしょう。この具体については，第３章実践編「ごんぎつね」でも詳しく説明します（86頁）。参考にしてみてください。
　最近，〈視点人物〉を変更して作品をリライトさせるという授業が試行されています。以下，その一例です。

作品「走れメロス」
課題「メロスを待っている時，セリヌンティウスを〈視点人物〉にして，ディオニスとの会話を想像して書いてみましょう。」
作品「扇の的」（『平家物語』より）
課題「この場面を２つの新聞としてリライトします。グループを２つに分けてください。一方は，平家側の従軍記者となり，平家新聞を作成してみましょう。そして，もう一方は，源氏側の従軍記者となり，源氏新聞を作成してみましょう。」

　これらのリライトは，実際の〈視点人物〉以外の登場人物から作品世界がどのように映っているのかを考えるうえで有効です。それは平面的な作品理解を立体的に分析してくれるからです。
　また，劇化，音読劇といった学習活動を組織し，様々な登場人物ごとの立場に立たせると，〈視点人物〉以外の登場人物の心情を想像しやすくなります。その交流活動は，〈読み〉の深まりに大きな示唆を与えることでしょう。

第２章　準備編　アクティブ・リーディング〈読みの方略〉10　61

6

【物語を分析する観点②】
中心人物と対役は誰か

　科学的〈読み〉の研究会（以後通称の「読み研」と呼びます）の大西忠治氏（1991：11）は，文学作品での三読法を〈構造読み〉〈形象読み〉〈主題読み〉と名付けました。そして，〈構造読み〉では，まず，〈とき〉〈ところ〉〈ひと〉に関する設定を押さえさせています。

　多くの実践家が〈設定〉を押さえることを〈読み〉の基本作業として位置付けています。最近の実践家の教育書では文献の引用が曖昧であり，誰のオリジナルなのか不明な書籍が多いのですが，本書は，1970年代〜1980年代に一度整理された文芸研の理論と読み研の理論，そして井関義久氏の分析批評の理論を足場として説明していきます。

主人公（中心人物）は誰か。対役は誰か。

　井関義久氏の『国語科教育の記号論』（1984：71）では，「中心人物の条件は，作中事件のすべてにかかわりあい，主想を直接に担っている人物，つまり主役であることだ。この主役に対立して，主想を裏から強調している人物のことを，対役という。」と定義しています。

　分析批評の授業では，「中心人物（主人公）は誰ですか」といった発問がよく提示されます。井関氏の定義はありますが，「中心人物（主人公）」の概念は授業者や読み手によって様々に解釈できますので，作品によってはオープンエンドになります。

　例えば，「がまくんとかえるくんシリーズ」の「お手紙」はどうでしょう。
「最初の登場人物はがまくんだ。だから，がまくん」
「心のなかが描かれているのは，がまくんが多い。だから，がまくん」

62

「いろいろと行動しているのは，かえるくんだ。だから，かえるくん」

これらは，「何を尺度として中心人物（主人公）を規定するか」という用語の定義の問題であり，筆者の研究テーマであるアブダクションという思考を促す課題であります（佐藤佐敏：2010）。

これらの討論を経て，「『二人は』とも書いてあるから，中心人物は，がまくんとかえるくん２人でいいと思う」といった解答が子どもから寄せられると止揚された展開になります。事実，「がまくん」と「かえるくん」は，映画やドラマで多用されている〈バディフィルム〉（凸凹コンビの織り成すドラマ）の原型と言えます[11]。古くはアニメ『トムとジェリー』から，最近のドラマ『相棒』に至るまで，〈バディフィルム〉は，人気の高い人物設定のパターンです。この場合，体型や外見，人柄や価値観まで対照的な人物がコンビを組むことで作品の魅力が増すわけです。

登場人物に一番大きな影響を与えた人物を〈対役〉とすると，この「対役は誰か」といったことも論争になります。長崎伸仁氏（2016a：100）は，「海のいのち」において，「太一が最も影響を受けたのは誰なのか」という発問を提示しています（つまり〈対役〉は誰かという問いです）。「父」なのか「与吉じいさ」なのか「母」なのか，活発な意見が交わされることでしょう。

対役が，中心人物（主人公）にどういった影響を与えたかということを考えると作品に流れる１つのメッセージが見えてきます。
人物設定を押さえて読むこと，そして，中心人物（主人公）と対役を考えて読むのは，作品を読み解くベーシックな方略です。

中心人物の心情が，最初から最後まで変わらない作品は稀です。

殊に，少年や少女が中心人物の作品はほぼすべて成長物語です。

そして，印象的な作品には，必ず魅力的な対役がいます。その人物同士の絡みが面白いのですね。

7

【物語を分析する観点③】
中心人物の心情はどう変化したか

　読み研では,「構造読み」において,「冒頭」「発端」「最高潮(クライマックス)」「結末」等……といったことを丁寧に確認していきます(大西忠治1991:23)。展開の構造を確認することをスタンダードにしているようです。作品の構造を分析する観点の１つとして,それは確かに有効です。

　その展開のなかで,一番大事なのは,「登場人物の心情が最も大きく変化したのはどこか」を考えることです。これは論客によって,〈山場〉とも〈クライマックス〉とも〈ピナクル〉とも呼ばれています。

　読み研の論客ではありませんが,筆者の尊敬する実践家寺崎賢一氏(1988:32-33)は,この点について次のように語っています。筆者が要約します(文責は筆者)。

　中心人物がクライマックスまでこだわり続けたもの,または新たにこだわり始めたものが,主材(モチーフ,中心題材)であり,それに中心人物がどのような価値を付加したかを探ると,それが主想(テーマ,中心思想)となる。

　寺崎氏のこの主題把握の方法論は,その後,多くの実践家によって学習用語や方法論が変形されて広がっていきました。

　筆者は,原型である寺崎氏の方法論を支持します。先哲の理論を引用せずに変形させて書籍化していることを道義的に疑問視しているからでもありますが,何よりも寺崎氏の提案に,高い汎用性があると判断するからです。

　具体的な作品で考えてみましょう。

「大造じいさんとがん」（作：椋鳩十）の「大造じいさんの心情が最も大きく変化したのはどこか」

　A　「（残雪が）いきなり，敵にぶつかっていっ」たところ

　B　残雪が，「じいさんを正面からにらみつけ」たところ

　C　「大造じいさんが手をのばしても，残雪は，もうじたばた」しなかったところ

　これまで大造じいさんがこだわっていたのは，何はさておき残雪を捕まえることでした。しかし，Cの場面では，念願が叶うというのに大造じいさんは，全く嬉しくありません。別の気持ちがわき上がったからです。

　つりばりという「しかけ」，飼いならした「おとり」という卑怯な手で残雪を捕まえようとしていた大造じいさんですから，筆者に言わせれば，「残雪の素晴らしさ」を語る資格が彼にあるのか突っ込みたくなりますが。

「小さな手袋」（作：内海隆一郎）の「シホの心情が最も大きく変化したのはどこか」

　A　（祖父の）「別れのための儀式が執り行われ」たところ

　B　手袋に「顔を強く押しつけた」ところ

　C　シホの「涙でぬれた目が輝いた」ところ

　D　「宮下さんは，もう大連へ帰ってしまった」と言われたところ

　発問　私の考えや心情の変化の一番大きい場面をそこだと考えると，どんなメッセージが見えてきますか。

　いずれも，筆者の解釈は紙幅の関係で割愛します。読者の皆さん自ら考えてみてください。そして，自分の〈読み〉をもったうえで授業してみてください。寺崎氏の生み出した〈読みの方略〉に汎用性があることに気づくはずです。この方法論に従った発問と子どもの反応については，作品「故郷」で取りあげました（124頁）。その有用性を確認してください。

第2章　準備編　アクティブ・リーディング〈読みの方略〉10　65

8

【物語を分析する観点④】

様々な作品構造を〈対比〉する

　「対比しなさい」という発問を全国的に普及させたのは向山洋一氏です。昭和60年代に教師となった実践家で，向山氏の「春」の実践を知らない人はいないことでしょう。向山氏（1983：73-81）の実践を引用します。

　春　安西冬衛
　てふてふが一匹　／　韃靼海峡を　／　渡っていった。（ママ）

　発問：この詩の中で対比されている言葉はどれとどれでしょう。

　〈対比〉という分析がどれだけ有用であるかを世に知らしめた発問です。
　「てふてふ」と「韃靼海峡」の対比がどういった意味をもつのかを分析するだけで，この一行詩の奥深さを感じるからです。

てふてふ	ひらがな	弱々しい	小さい	やわ	……
韃靼海峡	漢字	強そう	大きい	いかつい	……

　この対比構造を捉えることができると，「小さく弱々しい蝶が，たった一匹で荒々しく寂しく，先の見えない海峡を目的地に辿り着くかどうかもわからないまま飛び立った悲愴感がある」といった〈読み〉が形成されます。
　〈対比〉は，応用範囲が広い思考方略です。国語に限らず，すべての教科で応用できます。「日本の人口ピラミッドと，他国のそれを対比しましょう」「葉の表と裏の光合成で発生する酸素量を対比してみましょう」「ベートーベ

ンのピアノソナタとモーツアルトのそれを対比しましょう」等々，すべての教科で応用できます。

　国語の授業においても，「モデルＡとモデルＢを対比しましょう」という課題は，「話すこと・聞くこと」領域でも「書くこと」領域でも効果的な発問です。対比することで，技能を向上させるコツを発見させることが可能となるからです。「読むこと」領域であれば，「主人公Ａと対役Ｂを対比しましょう」という人物の対比に始まり，「場面Ａと場面Ｂを対比しましょう」という場面の対比，「事物Ａと事物Ｂの対比」「描写Ａと描写Ｂの対比」等，汎用性が極めて高い思考方略です。それだけではありません。

　〈対比〉して，それぞれの差異を認め，その差異に意味付けをすると，それまで見えなかった視界が開けます。

　もう少し具体的な例をあげましょう。教材「少年の日の思い出」（作：Ｈ・ヘッセ）であれば，「僕のちょうの収集と，エーミールのちょうの収集を対比しよう」という課題は，この教材の分析に不可欠です。僕の熱情は，金に換算することは不可能です。一方エーミールの興味はちょうを値踏みすることにあります。僕はちょうをとるプロセスを楽しんでいますが，エーミールにとってのちょうは，鑑賞の対象でしかありません。僕が捕まえたちょうは一匹一匹代替できない熱い思いとセットになっていますが，エーミールには，その思いはありません。盗みを働いた僕を道徳的に許せない教師は多いと思いますが，ある意味純粋とも言える僕の熱情に理解を示すと，作品を一貫する秩序は決して道徳的なテーマに収まりきらないことが納得されるはずです（106頁後述）。

　〈対比〉という分析の武器を使いこなすためには，同じカテゴリィに分類でき，かつ対照的に描かれているものに敏感になることです。まずは私たち教師が身に付けておきたい有用性の高い〈読みの方略〉です。

第2章　準備編　アクティブ・リーディング〈読みの方略〉10　67

9
【物語を分析する観点⑤】
〈メタファー（隠喩）〉を読む

皆さんに質問します。

> 雀らも海かけて飛べ吹き流し　　　石田波郷
> 学習課題　この光景を表した図として，どれが一番近いでしょう。

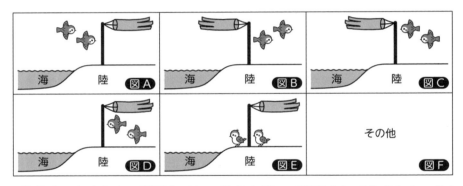

　筆者は，たくさんの講演会でこの俳句を使って演習をしてきました。そして，とても面白い傾向があることに気づきました。
　新潟市やいわき市といった海辺に住んでいる先生方と，福島市や長岡市といった内陸に住んでいる先生方では，全く反応が違うということです。海辺に住んでいる人にすれば，昼間は海風が吹くことを日常的に経験しています。一方，内陸に住んでいる人には分かりません。ですので，「吹き流しの向きは……」と説明しても，内陸に住んでいる先生方は今一つ腑に落ちた表情を示しません。52頁に示したとおり，読み手の経験が作品の理解に大きくかかわっているわけです。
　また，思い浮かべる「海」にしても各自の経験に左右されます。「向こう

に佐渡島が見える日本海」なのか，「何も見えない太平洋」なのか——太平洋を想起した方は，「渡り鳥でもない雀に対して，『海に向かって飛べ』とは，なんと残酷な……」といった感想を抱くことでしょう。

波郷の故郷は松山です。目の前には島々が浮かぶ瀬戸内海があります。「この海なら飛んでいける」と思えるわけです。

自分のもっている知識や経験は，とても限定されたものです。だからこそ，自分の知らない知識や経験をもっている人たちと〈読み〉を交流する意味があるわけです。また，交流をして〈読み〉を広げる楽しさがあるわけです。

このように説明すると，内陸に住む先生方も，太平洋側に住む先生方も，やっと安心した表情や合点のいった表情を浮かべてくださいます。

さて，（細かい説明は省略しますが）一番近いのは図Dまたは図Eなのですが，この俳句には次のような裏の意味を読み取ることができます。

「子どもたちよ，夢に向かって（未来に向かって），障害や困難に負けずに羽ばたいていけ」

「吹き流し」を「鯉のぼり」と読むことから謎解きのように見えてくる**〈メタファー（隠喩）〉**です。「鯉のぼり」ですから，端午の節句の季節です。そうすると，様々な〈メタファー〉が見えてきます。

小さくて弱々しい「雀」　→　「子どもたち」

目指す「海」　→　「未来」，「夢」，「社会」，「大志」

向かい「風」　→　「障害」，「困難」

「鯉のぼり」　→　自分自身はもう羽ばたくことができずに，海に向かう雀を見守っている……「親」，「大人」

この俳句は，作品全体を〈メタファー〉として受け取ることができます[12]。演劇の世界では，このように，テクストの言外にある意味を**〈サブ・テクスト〉**とも呼びます。このように〈メタファー〉をみつける〈読み〉は，時により**〈深読み〉**や**〈曲解〉**に陥ることもあります。が，それも含めて，〈読み〉の楽しさや面白さがグンと広がります。

是非，保護者を前にした授業参観で本句を扱ってみてください。

第2章　準備編　アクティブ・リーディング〈読みの方略〉10　69

10
作品を意味付ける
―自分の世界の再構築―

その作品のどこに価値をみつけたのか。魅力を感じたのか。

それは個人個人の読み手によって異なるものです。価値は作品そのものにあるのではなく，作品と読者との対話のなかにあります。

内田樹氏（2009：22-25）は次のように言っています。

> 「言いたいこと」がまずあって，それが「媒介」としての「言葉」に載せられる，という言語観が学校教育の場では共有されている。だが，この基礎的知見は果たして適切なのか。
>
> 構造主義言語学以降（つまり百年前から），理論的には言語とはそのようなものではないことが知られている。
>
> 先行するのは「言葉」であり，「言いたいこと」というのは「言葉」が発されたことの事後的効果として生じる「幻想」である。より厳密には，「言いたいことがうまく言えなかった」という身体的な不満足感を経由して，あたかもそのようなものが言語に先行して存在していたかのように仮象するのである。
>
> とりあえず，それがアカデミックには「常識」なのだが，教育の現場ではまだまったく「常識」とはされていない。
>
> ……（引用者中略）……「言いたいこと」は「言葉」のあとに存在し始める。「私」は「私が発した言葉」の事後的効果として存在し始める。……（引用者中略）……
>
> 国語教育の教科書的理解によれば，まず「言いたいこと」があり，それが「言葉」という不完全な媒介を経由して読者や聴き手に到達する。
>
> そういう言語観が採用されている。

現在でも，教育現場では「作者は何を言いたかったのでしょう。」「作者が一番伝えたかったことは何でしょう。」という課題が提示されています。

作家が，自分の著作物が入試問題となり，「作者は，何が言いたかったのか」という問いに対する解答を読み，驚いたという逸話はたくさんあります。

「自分は，そんなことが言いたかったのか，知らなかった」「そういうことを言いたかったわけじゃないのだが」と作家によってコメントは違いますが，いずれも，「自分を離れた作品に対して，自分の意図を尋ねられたこと」に対する困惑を語っています。

筆者も一編だけエッセイを公的に発表したことがあります。そのエッセイは，初めから言いたいことや書きたいことがあり，それを文字化していったわけではありません。「何かに取り憑かれて書きあげた」という感覚でした。心のなかに混沌とした何かがあり，それが文字になっていく過程で，「ああ，本件について，私はこんなふうに思っていたんだな」という感覚でした。これは，そういった文章を書いたことのある人が，みな経験していることです。

送り手側には意図などないのです（あったとしても，作品それ自体のほかに説明などしようがないのです）。

「作者は何を言いたかったか」でなく，読み手は「私は，何を読み取ったか」を述べることを授業の常態にしましょう。

読み取ったことが作品全体を一貫している秩序であると言えれば，それは〈主題〉ということになります。そしてそれは，読み手が創出していくものであり，作者に帰属するものではありません。

そして，読み手が読み取った〈読み〉を交流し合うと，新たな〈読み〉が再構築されていきます。再構築された〈読み〉は，各自がもっていた既有知識の構造を塗り替えることを要求することでしょう。

その過程で知識の再構築（自分の世界の再構築）が起きていくのです。

第 3 章

実践編

小学校
定番教材での
アクティブ・
リーディング
の授業

| 2年 | ●岩崎京子（『新編　新しい国語二下』東京書籍，平成27年度版）|

かさこじぞう

1．単元のねらい

　場面の様子について登場人物の行動を中心に想像を広げて読む活動を通して，民話（昔話）の定型に気づく。

2．評価規準

　A　民話（昔話）の定型を説明することができる。
　B　民話（昔話）の定型を２つ程度説明することができる。

3．学習のポイント

⑴　「A」という描写を「B」という描写に言い換えて，比較することで，その描写の特徴を内化する。

⑵　図書館にある他の民話（昔話）にて獲得した定型を確認することで，その原理の一般化を図る。

4．単元計画（全16時間）

第1次　全体を音読する。（４時間）
第2次　民話の書き出しの特徴に気づく。（１時間）
第3次　登場人物の心情をつかむ。（２時間）
第4次　登場人物の性格や心情を踏まえて役作りをし，作品を音読する。

（３時間）

第5次　その地方の方言で「語りの会」を開く。（６時間）

5. 第2次の授業

■本時のねらい

「むかし，むかし」で始まる叙述の順番を変更する活動を通して，昔話や民話の特徴を説明することができる。

コンフリクトを生む〈発問〉❶

> このお話は，「むかしむかし，あるところに，じいさまとばあさまがありましたと。」で始まっています。
> 「あるところに，むかしむかし」で始まったらダメですか[13]。

C：どっちでもいい，かわらない。

C：同じことを言ってる。順番がちがうだけだから，こっちでもいい。

C：「むかしむかし」から始まるのがふつうだ。「あるところに」で始まる昔話は聞いたことがない。

> 「赤塚に，さすけじいさまと，よねばあさまがすんでいました。」これではダメですか。（※「赤塚」の部分は，学校所在の昔の集落名）

C：どっちでもいい，名前があってもいい。

C：なんか，へん。

C：昔話は，「あるところ」で「じいさま」と「ばあさま」のほうがふつうだ。

■深い学びに導くポイント

「先生は，名前を入れないほうがいいと思うんだけど，どうしてだと思う?」とゆさぶり発問を加えてみましょう。

C：名前がないほうが，いろんなところの，いろんな人がその人物になれるからいい。

C：昔話を話す人が，その土地に住んでいる人の名前に勝手にかえて読んでいいと思う。

このような子どもの反応を引き出したいところです。

内化　獲得する〈読み方〉❶

【昔話や民話の定型を発見する】

「むかしむかし」で始まり，「めでたしめでたし」で終わったり，「どんとはれ」で終わったりするのは，昔話の定型です。また，「あるところに，じいさまとばあさまが……」と固有名詞を使わないことも定型です。

昔話や民話は〈口承文学〉です。児童文学研究者の宮川健郎氏（2009：9）は，「口承のテクストの特徴は，それが固定的なものではなく，あくまで可変的なものであること」であると述べています。テクストは，自由に語り手が作り変えていいのです。昔は囲炉裏を囲んで語り手が，孫の顔を見ながら，その土地の方言で，実際にその土地にある地名を交えて語っていたものです。

例えば，「かさこじぞう」は，新潟県の小千谷では，「ちぢみじぞう」と言われています。小千谷は「小千谷ちぢみ」という織物が有名なところです。笠が，その土地の名産品に変わって伝えられたわけです。

楽譜どおりに演奏するというクラシックではなく，原曲を演奏者が自由にアレンジする Jazz のようなもの，それが昔話や民話なのです。

外化　〈読み方〉を活用させる❶

「図書館にある昔話や，みなさんの家にあるほかの昔話の最初の部分がどうなっているか，調べてみましょう」という課外の指示を出してみるとよいでしょう。

まとめ　板書を視写させる❶

【板書1】 むかし話のとくちょう1　「むかしむかし，あるところに」ではじまる（そして，「めでたしめでたし」でおわることが多い）。

【板書2】 むかし話のとくちょう2　むかし話は，「とき」→「ところ」→「ひと」のじゅん番で語るのがふつうです。

【板書3】 むかし話のとくちょう3 場しょも人も名前がない。聞く人が，その土地のそこにすんでいるいろんな人を思いうかべて聞けばいい。

6. 第3次の授業

■本時のねらい

じぞうさまが歌う歌に着目する活動を通して，じいさまとばあさまの仲のよさに気づくとともに，民話（昔話）の1つのテーマに気づく。

コンフリクトを生む〈発問〉❷[14]

> じぞうさまが，お礼をしようとしたのは，じいさまに対してですよね？「なぜなら……」につづけて，しょうこをあげて答えてください。

- C：じいさまに。なぜなら，じいさまが，「売りもののかさをじぞうさまに」かぶせたから。
- C：じいさまに。なぜなら，じいさまが，「ぬれてつめたいじぞうさまのかたやらせなかやらをなで」て，やさしかったから。
- C：じいさまだけでなく，ばあさまにもお礼をしようとしている。なぜなら，じぞうさまたちが，「じさまのうちはどこだ」のあとに，「ばさまのうちはどこだ」と歌っているから。

> なぜ，じぞうさまは，ばあさまにもお礼をしようと思ったのでしょう。

- C：じいさまが，じぞうさまに「かさこかぶせてきた」と言ったら，ばあさまは「いやなかおひとつしないで，『おお，それはええことをしなすった』」と言ったから。
- C：2人とも，やさしいから。
- C：じいさまとばあさまが，仲がよいから。

第3章　実践編　小学校　定番教材でのアクティブ・リーディングの授業　77

■深い学びに導くポイント

　じいさまとばあさまのセリフの部分を取り出して，音読させてみましょう。民話の語りの特徴の１つは，〈繰り返し表現〉，〈反復〉が多用されているところにあります。ばあさまは，じいさまのセリフを反復しています。この反復により，作品はリズムが出ていることに子どもたちは気づくでしょう。

内化　獲得する〈読み方〉❷

【脇役（第三の登場人物）に着目する】

　物語や小説は，中心人物（主人公）と対役を主軸として展開されます。そして，その主軸に対して脇役（第三の登場人物）の絡ませ方で作品世界は様々に味付けされます。

　長崎伸仁氏（2016b：13）は，「国語教室で，メガホンを持つ私たち教師に求められているのは，物語の中の脇役をどう授業に生かすかであろう。」と述べています。本作品もその例に違わず，「じいさま」と「かさこじぞう」の主軸の関係だけでなく，「ばあさま」がどのような装置として作品内で仕掛けられているかを考えてみたいものです。「じいさま」の言葉を「ばあさま」が繰り返すことの意味は，小さくないからです。

外化　〈読み方〉を活用させる❷

　「図書館やみなさんの家にあるほかの昔話で，じいさまとばあさまのセリフをひろって，ばあさまの役割を考えてみよう」という課題もよいでしょう。このように「仲のよい夫婦」であることで幸福な結末となるという民話が多い一方，「舌切り雀」といった「ばあさま」もいます。また，「はなさかじいさん」における「ばあさま」は，様々な描かれ方がされています。いろいろと調べさせると面白いでしょう。

まとめ　板書を視写させる❷

【板書１】　むかし話のとくちょう４　〈くりかえし〉がたくさんあることで，
　　　　作品にリズムが生まれている。

【板書２】　むかし話のとくちょう５
　　　　なかのよいふうふが，しあわせになる。

7. 第4次の授業

■本時のねらい

　「その地方に伝わる民話を語る会」の発表活動を通して，聴衆の反応に合わせて昔話をアレンジして語る楽しさを実感する。

発展的なアクティビティ【豊かな言語生活を目指す単元学習】

> ### 「民話を語る会」発表会
>
> 　「伝統的言語文化」の授業として，地域に伝わる昔話を取りあげた発表会を組織しましょう。「総合的な学習の時間」とリンクさせて時間を確保し，地域の方々や保護者を呼んだ発表会を開くとよいでしょう。
>
> (1) 〈コンフリクト〉 モデルを示す。
> 　　例：1　地元の「語り部」さんをゲストティーチャーとして招く。
> 　　　　2　昨年の先輩の発表会ビデオを視聴する。
> (2) 〈内化〉語りのコツを見つける。
> (3) 自分が挑戦する地元の昔話を選ぶ。
> (4) 〈外化〉コツを意識して練習する。
> (5) 〈リフレクション〉発表会を開く。自分と違う昔話を語った仲間の発表を聞き，違う昔話を語る仲間に自分の昔話を聞かせる。
>
> ### 学習のポイント
>
> (1) 聞き手と織りなすライブ感を楽しませましょう。表現だけでなく，ストーリィそのものが変わることも歓迎しましょう。
> (2) 発表会場には畳を敷き，浴衣を着て語ってもらいましょう。「まず，形から入る」のです。私は野球部顧問の際，審判（線審）の服装や審判帽を買い揃え，アウトとセーフのジェスチャーは指先までこだわりました。そうすると，微妙な判定でも，不思議なくらい抗議されませんでした。語る会での「形」は重要なポイントです。

| 3年 | ●あまんきみこ（『国語三下』光村図書，平成27年度版）
●あまんきみこ作『ちいちゃんのかげおくり』（あかね書房，1982） |

ちいちゃんのかげおくり

1. 単元のねらい

　登場人物の年齢や登場人物の言動を想像する活動を通して，読み取った内容を音読に活かすことができる。

2. 評価規準

　　A　登場人物の性格や気持ちの変化を，声の高低，速度の<u>すべてに活かして</u>音読することができる。

　　B　登場人物の性格や気持ちの変化を，声の高低，速度の<u>いずれかに活かして</u>音読することができる。

3. 学習のポイント

(1)　登場人物の性格や人柄を判断するための観点４つを内化する。

(2)　音読を工夫する観点として，声の高低と速度を意識することを内化する。

4. 単元計画 （全10時間）

第1次　全体を音読する。（２時間）

第2次　登場人物の性格や人柄をつかむ。（２時間）

第3次　登場人物の心情をつかむ。（２時間）

第4次　登場人物の性格や心情を踏まえて役作りをし，作品を音読する。

（２時間）

（第5次）　音読発表会を行う。（２時間）

5. 第2次の授業

■本時のねらい

　登場人物の言動と自分の経験を照らし合わせて考える活動を通して，登場人物の性格や人柄を想像することができる。

コンフリクトを生む〈発問〉❶

> 　ちいちゃんは，何さいでしょう。　2さい？　3さい？　4さい？
> 5さい？　6さい？　それ以上？
> 　指示　〈根拠〉となる叙述にサイドラインをひきましょう。

〈根拠〉「ひとうつ，ふたあつ」と数えている。〈理由〉小学校に入っていれ
　　　　ば「いち，に，…」と数えると思う。

〈根拠〉お兄ちゃんが言った「すごうい」をちいちゃんは「すごうい」とく
　　　　り返している〈理由〉小さい子どもがしそうだ。

〈根拠〉にげる時，最初「お母さんは，ちいちゃんとお兄ちゃんを両手につ
　　　　ないで，走」っている。〈理由〉すごく小さかったら，さいしょから
　　　　だっこしている。自分で走ってにげることができる年れいだ。

〈根拠〉ほのおのうずがせまった時，「お母さんは，ちいちゃんをだき上げ」
　　　　た。一方，けがをしたお兄ちゃんを「おんぶ」している。〈理由〉お
　　　　んぶするよりだっこしたほうがよい年れいだ。

■深い学びに導くポイント

　自分の経験に合わせて考えるために〈ゆさぶり〉の問いかけを用意します。「皆さんは，何さいまで，お母さんにだっこされていましたか。」

　同じ〈根拠〉を入力しても，各自の経験が異なれば，それが「3さい」となっても「4さい」となっても，また「5さい」となっても，かまわないわけです。大切なのは，「お兄ちゃんはおんぶされていたけれど，ちいちゃんはだっこされていた」という違いに気づくことです。こういった叙述に気づ

第3章　実践編　小学校　定番教材でのアクティブ・リーディングの授業　81

くことが，キャラクターの性格や人柄をつかむ出発点になります。

内化　獲得する〈読み方〉❶

【登場人物をおさえて読む（キャラをつかむ）】

「登場人物をおさえて読む」という堅い表現を業界風に砕いて言うと，「キャラをつかんで読む」ということです。「どんな人柄でしょう？　どんな性格でしょう？」と問いかけてみてもよいですし，「例えると，どんな人？」と問いかけて，「ドラえもんのジャイアンみたいな人」などと言語化させたりする方法が考えられます。本教材で年齢を尋ねるのは，単純な問いかけに感じるかもしれませんが，悪くありません。

筆者は，大学での授業で，ノリのよい体育会系の男子生徒を列指名して音読させます。「かげおくりのよくできそうな空だなあ。」「えっ，かげおくり。」「かげおくりって，なあに。」の会話の五行です。

そして，学生一人一人の音読をテンポよく評価していきます。

「はい，このちいちゃんは21歳！」「おや，42歳！」「はい，15歳！」「お，9歳！　もうちょっと」「はい，5歳！」と，テンポよく評価します。大学の授業では爆笑になります（ノリがよい体育会系男子ですと，「21歳！」と言われても笑ってやり過ごしますし，思い切った役作りをする学生もいます）。

そして，ちいちゃんの年齢に近く聞こえた音読の後，全体に問いかけます。

「今までと，どこが違いましたか？」

ここで，〈声の高低〉と〈声の速度〉を変化させることが重要だと気づかせます。「ちいちゃん」の役作りをするには，「声を高く，とてもゆっくりと音読する」ことが重要なわけです。

外化　〈読み方〉を活用させる❶

本教材で「お兄ちゃん」や「お父さん」「お母さん」の年齢を考えさせてみましょう。

まとめ　板書を視写させる❶

【板書1】 読むコツ キャラをつかむためには，年れいを考えよう。

【板書2】音読のコツ　キャラをつくるためには，高い声で読んだり，低い声で読んだりしよう。速く読んだり，おそく読んだりしよう。

6. 第3次の授業

■本時のねらい

　登場人物の言動を考える活動を通して，登場人物の気持ちを想像することができる。

コンフリクトを生む〈発問〉❷

> 　ちいちゃんは，最初の「かげおくり」の場面で，「お父さん」がいくさに行くことを知っていましたか。知りませんでしたか。
> 　指示　〈根拠〉となる叙述にサイドラインをひきましょう。

〈根拠〉「すごうい」とお兄ちゃんの言ったことをくり返している。〈理由〉オウム返ししているくらい小さい子どもだ。〈解釈〉そんな子が，父さんがいくさに行くかどうかを知っているわけがない。

〈根拠〉「ああ，あたし，おなかがすいて軽くなったから，ういたのね。」とちいちゃんは言っている。〈理由〉こんなことも知らないなんて，そうとうおさない。〈解釈〉父さんがいくさに行くかどうかなんて，気づいていない。

〈根拠〉「今日の記念写真だなあ。」「大きな記念写真だこと。」と父さんと母さんが言っている。〈理由〉この言葉で気づいたんじゃないか。また，こういった空気が，ただならぬ何かをちいちゃんにも気づかせたんじゃないか。

〈根拠〉「出征する前の日」に「先祖のはかまいりに行」っている。〈理由〉おぼんやおひ岸でない時に，先祖のはかまいりに行くのはめったにないことだ。〈解釈〉だから，何かあるのだと，うすうす気づいていてもいい。

第3章　実践編　小学校　定番教材でのアクティブ・リーディングの授業　83

〈根拠〉「体の弱いお父さんまで」とお母さんが言っている。〈理由〉たぶん,体の弱くない近所のお父さんたちが先に出征していただろう。となりのさっちゃんのお父さんとか。そのたびに近所のみんなで見送っていたはずだ。〈解釈〉だから,「いくさ」が何なのかは,分かっていなくとも,お父さんもいずれ,出征するかもしれないことは,何となく気づいていたと思う。

■**深い学びに導くポイント**

　きっと,読むことの楽しみは,正しく読むことではないでしょう。また,道徳的に読むことでもないでしょう。広く読んだり,深く読んだり,豊かに読んだりするところに〈読み〉の楽しさはあります。

　国語の授業は,正しく読む力を培う必要があります。コミュニケーションの不調を来さないためにも,情報を正確に受信する力を付けなければなりません。しかし,それと同時に深く読むことの楽しさも伝えたいものです。

　この発問は,小学生には難し過ぎます。大学生でも難しいですので。それを承知のうえで,背伸びをさせて,読みの深さを味わわせてあげることもあってもよいと筆者は思っています。

コンフリクトを生む〈発問〉❸

　ちいちゃんは,最後にお父さん,お母さん,お兄ちゃんと会うことができました。あなたは,ちいちゃんに,「よかったね」と声をかけますか。ちがった声をかけますか。

〈解釈〉「よかったね」と声をかける。〈根拠〉「むこうから,お父さんとお母さんとお兄ちゃんが,わらいながら歩いてくるのが見えました。」とある。〈理由〉「こっちに来るな」と言われれば,たぶんちいちゃんはあの世に行かずに生きていたんだと思う。「わらいながら」なんだから,一緒になれてよかったと思う。

〈根拠〉同じ根拠です。〈理由〉たとえ,天国であっても,家族みんなが会え

たのだから〈解釈〉よかったと思う。

〈解釈〉「よかったね」と言う。〈根拠〉「わらいながら，花ばたけの中を走りだしました。」とある。〈理由〉本人が，わらっているんだし，花ばたけというのがきれいだから，これでよかった。

〈解釈〉よかったはずがない。〈理由〉死んだんだから。生きて家族みんなで会えたんだったら，よかったけど。

〈解釈〉「よかったね」とは言えない。〈根拠〉「わらいながら，花ばたけの中を走りだしました。」というのが，〈理由〉いたいたしい。死んだことさえ分からないところが，悲しすぎる。

内化　獲得する〈読み方〉❷❸

【登場人物の気持ちをおさえて読む】

ここでは，〈アイロニー〉も教えたいところです。

「明るいからこそ悲しいんですね。ちいちゃんがわらっているから，なおさら切ないんですね。これを〈アイロニー〉と言います。」と説明するとよいでしょう。難しいのは百も承知ですが，背伸びさせたいと思います。

外化　〈読み方〉を活用させる❷❸

上記については，「ちいちゃんの描写」は高めの声で明るく読み，エンディングの「それから何十年」以降はトーンを落として読むことで，その〈アイロニー〉を際立たせましょう。

難しい概念は，論理的に説明しても伝わりません。音読というアクティビティをすることで，身体的かつ感覚的に理解させましょう。

リフレクション　次の課題を与えてノートに書かせる❷❸

【板書1】 読むコツ 　人物の気持ちを想ぞうしながら読もう。

【指示】人物の気持ちを表現するために，どんなところを工夫して音読しますか。「声の高さ」「声の速さ」ということばを使って，ノートにまとめましょう。

例えば，渥美清の寅さんシリーズには，「顔で笑って心で泣いて」のアイロニーの抒情が流れています。きっと，日本人の好む作調なのでしょう。

第3章　実践編　小学校　定番教材でのアクティブ・リーディングの授業　85

| **4年** | ●新美南吉（『新編　新しい国語四下』東京書籍，平成27年度版）|

ごんぎつね

1．単元のねらい

　登場人物の性格や気持ちの変化について叙述を基に想像して読む活動を通して，〈視点人物〉と心情の関係や，作品の構成について説明することができる。

　〈視点人物〉を変更するリライトを書く活動を通して，作品世界を豊かに味わうことができる。

2．評価規準

　A　〈視点人物〉の観点からごんと兵十の通じ合えない気持ちを説明することができるとともに，「言いつたえられた話」としての構成について説明することができる。

　B　叙述を基に作品のよさを説明することができる。

3．学習のポイント

　発問に対する〈根拠〉を丁寧に作品の叙述から抜き出すことを徹底させる。

4．単元計画（全14時間）

　第1次　全体を音読する。（2時間）
　第2次　登場人物の性格や人柄をつかむ。（1時間）
　第3次　第1〜5場面の登場人物の心情をつかむ。（5時間）
　第4次　第6場面の兵十とごんの心情をつかむ。（2時間）
　（第5次）第6場面の〈視点人物〉を替えて作品をリライトする。（4時間）

86

5. 第4次（その1）の授業

■本時のねらい

　ごん自身が無意識に行っていた「つぐない」を超えた行為の目的を考える活動を通して，ごんの気持ちが兵十に伝わっていないという事実を読み取る。

コンフリクトを生む〈発問〉❶※15

> 　ごんと兵十は，最後に，通じ合えたという人が多いですが，本当に通じ合えたのでしょうか。

〈根拠〉「土間に，くりが固めて置いてあるのが目につきました」と書いてある。〈解釈〉兵十は，これを見て，すべてを理かいしたと思う。

〈根拠〉これまでは，「ごんぎつねめが」と言っていた。ここでは，「ごん，おまえだったのか」と言っている。〈理由〉名前をよびすてにしたり，「おまえ」と言うのは，その人に対する親しい気持ちがあるからだ。〈解釈〉兵十が，「ごん」の気持ちを分かってあげたと思っていい。

〈根拠〉兵十が，「ごん，おまえだったのか」と言った時，ごんは，「目をつぶったまま，うなずきました」とある。〈理由〉兵十の問いかけに対して，ごんがうなずいたのは，自分の気持ちを兵十が理解してくれたからだ。〈解釈〉だから，ごんと兵十は通じ合えた。

■深い学びに導くポイント

　これらの解答で満足する子どもが大半であると思われます。大人の私たちでも，このように読んでしまう人が多いことでしょう。ここは，もう少しディープな世界に子どもたちを誘いたいものです。ポイントは，「これまでの作品の〈視点人物〉は誰だったのか」ということです。最後の場面になるまで，ごんが〈視点人物〉であったわけですから，「ごんの気持ち」を兵十がどれくらい理解していたのかは，想像の域を出ません。

　確かに，兵十は「ごん，おまえだったのか」と尋ねています。しかし，こ

れは，くりやまつたけをこれまで運んでくれたのは，「ごん，おまえだった
のか」と確認している言葉掛けです。ごんの気持ちは，ただ単に，「自分が
食べ物を運んでいた」ということを兵十に知ってもらうというレベルではな
いでしょう。「ひとりぼっちのごん」が，お母さんに死なれて「ひとりぼっ
ちになってしまった兵十」に心を寄せてきたことによる行為です。これは，
「（ごんは）兵十のかげぼうしをふみふみ行きました」という表現から察せら
れます。かげを踏めるほど近い距離を歩いているというのは，それだけ心が
接近しているということであり，「ふみふみ」という擬態語には，兵十に対
する親しみの気持ちが現れています。

　そして，〈視点人物〉のごんの気持ちに読み手である私たちは気づけてい
ても，兵十にはごんの気持ちを理解しようがないのです。ごんが，自分のか
げを「ふみふみ」歩いて自分に接近しようとしていたことさえも兵十には分
からないわけですから。

> 　ごんが，「くりやまつたけ」を兵十に持って行っていた目的は何だっ
> たのでしょう。ごんの目的は「うなぎのつぐない」だったのですか。

〈根拠〉「うなぎのつぐないに」とある。〈解釈〉文字どおり，「つぐない」が
　　　目的だったと思う。

〈根拠〉ごんは，「毎日，毎日」いろいろなものを兵十のところにとどけてい
　　　る。〈解釈〉「つぐない」だったら，もう十分すぎるくらいつぐなって
　　　いる。

〈根拠〉「うなぎのつぐない」と言っていた時は，「うちの中へいわしを投げ
　　　こんで」いた。でも，最後は，「土間に，くりが固めて置いてある
　　　のが目につきました」となっている。〈解釈〉この動作には，どこか兵
　　　十に対するやさしさみたいなものが感じられる。

〈根拠〉ごんは「おれと同じ，ひとりぼっちの兵十か」と言っている。〈理
　　　由〉ごんも「ひとりぼっちの小ぎつね」だった。〈解釈〉だから，「ひ

とりぼっち」同士，友だちになりたかったのだと思う。
〈根拠〉ごんは「兵十のかげぼうしをふみふみ行きました」とある。〈理由〉
これは，「ごめんなさい」という気持ちとはちょっと違う。

> では，兵十は，ごんが「ふみふみ」歩いてついてきたことを知ってい
> ましたか。また，そもそもごんがひとりぼっちであることを兵十は知っ
> ていましたか。

C：「ふみふみ」ついてきたことは知らない。
C：ごんが，「ひとりぼっち」だったことは，知っていたかもしれないし，
　　知らなかったかもしれない。分からない。

内化　獲得する〈読み方〉❶

【〈視点人物〉の気持ちは分かる。しかし，〈視点人物〉でない登場人物の
　気持ちは分かりようがない】

　本作品は，最後の場面を除いて「ごん」がずっと〈視点人物〉です（60-
61頁参照）。読み手は〈視点人物〉に〈同化〉しているので，「ごん」の気持
ちを理解しています。が，兵十には「ごん」の気持ちは理解しようがありま
せん。「ごん」が，「おれと同じ，ひとりぼっちの兵十か」と言うつぶやきも
聞いていませんし，自分の「かげぼうしをふみふみ」しながらついてきたこ
とも知らないのです。一読すると，最後の場面で「ごん」の気持ちがすべて
兵十に理解されたと思いますが，実際のところは知るよしもないのです。通
じ合えない切なさが，本作品の悲劇性を強めているわけです。

外化　発展学習【豊かな言語生活を目指す単元学習】❶

〈視点人物〉を替えるリライト

　筆者の研究室の学生が，兵十の視点で書かれている最後の場面をごん
の視点に書き換えるリライト学習を依頼し，4校5学級163人の子ども
たちに調査しました（いずれも，〈視点人物〉や〈視点〉について指導

されてはいない学級で行った調査です）※16。

　子どもが書いたリライトを分類したところ，最後まで書けなかったり，作品全体の整合がとれなかったりした作品が11人（6.7%），視点が乱れている作品が37人（22.7%）でした。歯が立たないというほどの学習活動ではなかったようです。これらの子には支援が必要ですが，出来上がった作品を読むと，この活動は，次の点で有効でした。

　　○　登場人物同士の関係を叙述にしたがって丁寧に読むことになる。
　　○　別の視点から作品を読み直すことで，作品の豊かなイメージ化が図られる。

　〈視点人物〉は応用範囲の広い〈読みの方略〉です。作品「ごんぎつね」にて，60頁の例を参照させたうえで，リライト学習に挑戦してみてください。新たな〈読み〉の世界が広がると思います。

リフレクション　次の課題を与えてノートに書かせる❶

【指示】〈視点人物〉を考えるよさは，どこにありますか。ノートにまとめましょう。

6. 第4次（その2）の授業

■本時のねらい

　兵十の心情を考える活動を通して，「語り伝えられた話」としての構成について説明することができる。

コンフリクトを生む〈発問〉❷

　ごんをうってしまった兵十は，どんな気持ちになりましたか。

Ｃ：「ごん，ごめんよ」という気持ち
Ｃ：「こそこそと物を持ってこないで，ちゃんと話してくれればよかったのに」という，何とも言えない気持ち

90

C：うってしまったことを後かいする気持ち

> では，この後兵十がしたと思われることを考えましょう※17。

C：ごんのおはかをつくって，手あつくとむらった。
C：この話を加助をはじめとした村人に語った。

> 冒頭の一文を全員で音読してみましょう。
> 「これは，わたしが小さいときに，村の茂平というおじいさんから聞いたお話です。」
> ごんのことを兵十が村人に語ったところから，この話は生まれたのです。

■深い学びに導くポイント

　鶴田清司氏（2010：146）は，「兵十をはじめとして多くの村人が語り継いできた話であるという点に注目すると，『ごんぎつね』は『ごんが死んだ悲しい話』というだけでなく，『ごんが村人に受け入れられた話』ということになって，読者は心のカタルシスを得られることになる。」と述べています。鶴田氏が述べるように，この構造に気づくことで読み手は，切なさから解放されます。

内化　獲得する〈読み方〉❷

　【語り伝えられたお話は，「おわり」から「はじまる」】

外化　〈読み方〉を活用させる❷

　「大造じいさんとがん」も「語り継がれていること」が明示されるところから始まっています。「大造じいさんとがん」の授業で，本件を再生させてあげましょう。

リフレクション　板書を視写させ，感想をまとめさせる❷

　【板書】 作品を読むコツ 　語りつがれた話は「物語がおわるところ」から「はじまる」【指示】 　感想をまとめましょう。

第3章　実践編　小学校　定番教材でのアクティブ・リーディングの授業　91

5年

●宮沢賢治（『新編　新しい国語五』東京書籍，平成27年度版）

注文の多い料理店

1．単元のねらい

　登場人物の相互関係や心情を考える活動を通して，異界に行き異界から帰るという物語の1つの定型に気づくとともに，人間の認知バイアスで作品を説明することができる。

2．評価規準

　A　異界を扱った物語の定型を説明するとともに人間の認知バイアスで作品を説明することができる。
　B　作品のよさを自分のことばで説明することができる。

3．学習のポイント

⑴　「自分なら……」と考えることで，登場人物が陥った認知バイアスに気づかせる。
⑵　他のアニメや映画などを確認することで，異界を扱った作品の〈原理〉の一般化を図る。

4．単元計画（全8時間）

第1次　全体を音読する。（2時間）
第2次　登場人物の性格や人柄をつかむ。（2時間）
第3次　登場人物の認知バイアスをつかむ。（2時間）
第4次　作品の〈構造〉と象徴性を考える。（2時間）

5. 第3次の授業

■本時のねらい

　登場人物の言動と自分の経験を照らし合わせて考える活動を通して，人間の認知バイアスを描いている作品について説明することができる。

コンフリクトを生む〈発問〉❶

> 　あなたなら，（「料理店」が怪しいということに），どこで気づきましたか[18]。

C：最初から入らない。そんな山の中に料理店があることからしてあやしいと思う。

C：「ネクタイピン，カフスボタン……（略）置いてください。」とあるところ。ふ通，食事でアクセサリーを外すことはない。

C：「鉄ぽうとたまをここへ置いてください。」というところ。鉄ぽうを置くと，何かあったら，戦えなくなるから。

> 　では，どうして，わかいしんし二人は，なかなか気づかなかったのでしょう。

C：とてもおなかが空いていたから。

C：門構えが立ぱだったから，最初の印象が良すぎて，それを悪いように思えなかったから。

C：一度思いこんだら，なかなかうたがうことができない。なんとなく，なんとなく，おくにおくに入っていったんだと思う。

C：1人だったら気づいたと思う。2人だから，だいじょうぶかなという気持ちになっていたと思う。

第3章　実践編　小学校　定番教材でのアクティブ・リーディングの授業　93

■深い学びに導くポイント

　Column2 にて，〈認知バイアス〉の１つである〈追従バイアス（追認バイアス）〉を説明しました。まさに，若い紳士は，〈追従バイアス〉にかかっています。一度「立派な西洋料理店だ」と思い込んでしまうと，次に目にする記号は，すべて「立派な料理店」という思い込みを補強している印に見えてしまうのですね。

　また，紳士たちは「おかしいな」と薄々感じてからも，なかなか戻ろうと行動に移しません。これは〈現状維持バイアス〉にかかっているからです。人間には一度できた言動や思考の流れを，なかなか止められないという習性があります。若い紳士も，一度思い込んだ思考の流れをなかなか修正できなかったわけです。これらの習性は修正しにくいのです。

　深い学びに導くために，「自分にもそういった経験はないかな？　例えば先生はね……」と先生自身が陥った〈認知バイアス〉を紹介してみましょう。

内化　獲得する〈読み方〉❶

　【人間は〈認知バイアス〉をもっている。バイアスとは人間が犯しやすい傾向のこと】

　【〈追従バイアス〉と〈現状維持バイアス〉】

　この作品に出てくる若い紳士は，過剰であると言えますが，このような〈バイアス〉は，誰にでもあります。他人事であると受け止めさせずに，自分にもあると自覚させたいものです。

外化　〈読み方〉を活用させる❶

　映画やドラマを見ていると，「ここで止めておけばいいのに，なんでそこから先に行くんだろう」と思うことがありますよね。アニメや漫画などで想起させてあげられたらと思います。

リフレクション　次の課題を与えてノートに書かせる❶

　【指示】あなたは，「わかいしんし」のようなバイアスにかかったことはありませんか。思い出して，ノートにまとめてみましょう。

6. 第4次の授業

■本時のねらい

　山猫の目的を考える活動を通して，若い紳士の可塑された表情に気づき，作品における象徴性を説明することができる。

コンフリクトを生む〈発問〉❷

> 　山猫のたくらみは，成功しましたか。失敗しましたか[19]。

〈根拠〉「だめだよ。もう気がついたよ。」とある。〈理由〉気がつかれたら，食べられなくなると思っている。〈解釈〉だから失敗した。

〈根拠〉「親方がもうナフキンをかけて，ナイフを持って，舌なめずりして，お客様がたを待っていられます。」と二つの青い目玉が言っている。〈理由〉本格的な準備をしている。〈解釈〉だから失敗した。

〈根拠〉「親分の書きようがまずいんだ。（略）お気の毒でしたなんて，まぬけたことを書いたもんだ。」とある。〈理由〉親分は，はじめから本気で「食べよう」と思っていたわけではないのではないか。〈解釈〉おどかしたことで「成功」と考えていいだろう。

〈根拠〉しんしたちの顔が「紙くずのように」なった時に，子分たちも「フッフッ」と笑っている。〈理由〉子分たちも本気じゃなくて，〈解釈〉この時点ですでに満足しているのではないか。

〈理由〉この作品は「山猫」を〈視点人物〉としては書かれていない。だから，山猫の気持ちは分からない。想像するしかない。

> 　では，山猫の目的は何だったのでしょう？　想像してみましょう。

　Ｃ：やっぱり，しんしたちを食べることが目的だった。

　Ｃ：「紙くずのようになった二人の顔だけは，東京に帰っても，お湯に入

っても，もう元のとおりになおりませんでした。」と書いてある。お
どすだけじゃなく，こらしめてやろうとしたんだと思う。

　本課題も〈視点人物〉を考えると，山猫の意図は推論するしかありません。
正しくは「分からない」のです。断定できないから面白いのですね。

　ただ，可塑された「顔」の描写には気づくはずです。ここで，補助発問と
して「どうして，顔が戻らなかったんでしょう。」と尋ねましょう。すると，
「『しかの黄色な横っぱらなんぞに，二，三発お見まい申したら，ずいぶん痛
快だろうねえ』と動物たちをバカにしているし，犬が目まいをおこして倒れ
た時も，『二千四百円の損害だ』などとお金のことばかり口にしているから」
と，若い紳士を批判する〈読み〉が表出されるでしょう。

内化　獲得する〈読み方〉❷

　【異界に迷い込み，異界から現実に戻る作品構造】

　異界から持ち帰ったものには，作品世界全体を背負っている意味がありま
す。それに意味や意義をみつけることは，大きな〈読み〉の生成の１つです。
オープンエンドで，「紙くずのようになった二人の顔」が戻らなかったこと
の意味を交流し合いましょう。

外化　〈読み方〉を活用させる❷

　〈異界〉に迷い込んで，〈異界〉から現世に戻るという作品は世の中，たく
さんあります。宮崎駿の『千と千尋の神隠し』では，異界に迷い込んだ千尋
が異界から脱出して現世に戻るお話です。画面をよく見ると千尋が異界から
持ち帰ったものがあります。それは何であり，どんな意味があるのか……子
どもたちに謎かけしてみましょう。

リフレクション　板書を視写させ，感想をまとめさせる❷

　【板書】 読むコツ 　異界に迷い込み，異界からもどる作品である。

　【まとめを書く】次のテンプレートに当てはめて，まとめを書く。

　　　「『紙くずのようになった二人の顔だけは，東京に帰っても，お湯に
　　　入っても，もう元のとおりになおりませんでした。』と書いてある。
　　　これは，…………を表しているのだろう。」

Column4

自我関与を促すテンプレート
― 「もし，あなただったなら（自分だったなら）……」 ―

　読書をしている時，私たちは〈視点人物〉に同化してはいますが，「私なら，こうする」ということを強く意識して読み進めてはいません。

　この問いかけは，作品への自我関与を促すうえで有効です[20]。

教材「大造じいさんとがん」

問いかけ　（はやぶさが立ち去った場面で）「あなたが大造じいさんなら，残雪を撃ちますか。撃ちませんか。」

　たとえ大造じいさんと同じように「撃たない」という選択をするにせよ，この問いかけで，「これまで念願であった残雪を仕留める最高のチャンスを迎えている」ということが前景化します。だからこそ，「にもかかわらず撃たなかった」ことに大きな意味が見出されるわけです。

教材「風切るつばさ」

問いかけ　（カララが戻ってきた場面で）「あなたがカララなら，何も言わず，ただじっとクルルのとなりにいますか。」

　「だまってそばにいる」というカララの行為は，クルルとともに死ぬということを意味しています。大変危険な選択です。「自分なら，できない」ことをしているカララを想像することで，ただ，「無言でそばにいる」ことが，クルルに対するカララの思い（一緒に死ぬことを選んだということ）を饒舌に語っていることが伝わります。「無言の饒舌性（沈黙の雄弁性）」を理解するうえで，この問いかけは有益に機能するはずです。

　蛇足ですが，筆者が発見した本作品の教材価値を付記したいと思います。

　クルルが最後に飛ぶことができたのは偶然かもしれませんが，その偶然を必然に転換させたのは，「『一緒に死んでもいい』と思ってくれたカララの存在にクルルが気づき，クルルが『カララと共に生きよう』と思えたから」だと考えられます。

| 6年 | ●宮沢賢治（『国語六』光村図書，平成27年度版） |

やまなし

1. 単元のねらい

　5月と12月の描写を対比する活動を通して，描写の象徴性や叙述の意味について自分の考えをまとめることができる。

　「やまなし」の〈読み方〉を活用して「水仙月の四日」を読む活動を通して，宮澤賢治の作調について説明することができる。

2. 評価規準

　A　「水仙月の四日」の様々な事象の象徴性と，難しい叙述の意味について「やまなし」の〈読み方〉で説明することができる。

　B　「クラムボン」や「イサド」の意味や，「やまなし」や「カワセミ」の象徴性について説明することができる。

3. 学習のポイント

　「やまなし」で習得した〈読みの方略〉を，並行読書する宮澤賢治の他の作品で活用する。例えば「水仙月の四日」で活用する。

4. 単元計画（全12時間）

第1次　「やまなし」を音読する。（2時間）

第2次　「クラムボン」等の意味を考える。（2時間）

第3次　5月と12月を対比する。（2時間）

第4次　「水仙月の四日」を「やまなし」の〈読み方〉で読む。（6時間）

5. 第2次の授業

■本時のねらい

「クラムボン」と「イサド」が意味するものについて，〈機能する無意味〉という視点で説明することができる。

コンフリクトを生む〈発問〉❶

> クラムボンとは何でしょう？

C：「二ひきのかにの子どもらが……」とある。だからカニだと思う。
C：「つぶつぶ暗いあわが流れていきます」とある。だから，カニがはくブクブクとしたあわだと思う。
C：「光のあみはゆらゆら……」とある。光だと思う。
C：「クラムボンは死んだよ」とある。賢治の妹の「トシ」ではないか。

> イサドとはどこでしょう？

■深い学びに導くポイント

内田樹氏（2011：120-124）が，サスペンス映画の巨匠アルフレッド・ヒッチコックが言ったという小咄を引用して大変面白いことを述べています。孫引きになりますが，お許しいただいてその小咄を掲載します。

> 列車のコンパートメントに二人の男が坐っている。棚の上に荷物が置いてある。／　一人の男が訊ねる。
> 「それは何だい？」
> 「マクガフィンさ」
> 「マクガフィンて？」
> 「ハイランドでライオンを捕るための道具だよ」

第3章　実践編　小学校　定番教材でのアクティブ・リーディングの授業　99

> 「あんなとこにライオンなんかいないよ」
> 「ほらね，マクガフィンは役に立っているだろ？」

　マクガフィンにはそもそも意味はありません。意味はないのですが，目的があります。目的は，「マクガフィンとは何か」と相手に「？」を抱かせることです。ヒッチコックに言わせれば，「意味がないほうがよい」そうです。このマクガフィンを内田氏は〈機能する無意味〉と呼びました。奥の深い小咄です（実際のマクガフィンは，登場人物が命懸けで奪い合う密書だったり，フィルムだったりします。そして，最後までそれが何だったのか観衆には明かされずに終わるといったアイテムの形をとってます）。

　そういえば，谷川雁氏（1986：182）は，本作品の「クラムボン」と「イサド」という記号の指し示す謎と多様性について，「まさにそれこそが作者のねらいではなかったか」と述べていました。

　宮澤賢治は，ヒッチコックより数十年早く，記号の指し示す謎を放置することの有用性を知っていたのかもしれません。〈記号の謎と多様性〉は，多くの宮澤賢治作品を読み解く鍵概念になりそうです。

　〈機能する無意味〉という表現は小学生には難しいとは思いますが，上記マクガフィンの小咄とともに子どもに説明したいものです。

内化　獲得する〈読み方〉❶

　【〈記号の謎と多様性〉（〈機能する無意味〉（マクガフィン））】

　これは文芸用語ではありませんが，この概念をここで押さえておくとよいでしょう。

外化　〈読み方〉を活用させる❶

　並行読書で是非，宮澤賢治の作品をたくさん読ませましょう。どの作品にも，「クラムボン」や「イサド」に似た「？」が出てくることでしょう。筆者は，「水仙月の四日」を読ませたいと思います。「『水仙月』って何月？」，「『雪童子』『雪婆んご』って誰？」「『アンドロメダ』と『カシオピイヤ』って，星座のこと？」という疑問が沸きます。が，「それこそが作者のねらい

である」と受け止めて，「マクガフィンの１つなんだから，自由に勝手に想像すること，それ自体を楽しもう」と子どもに語りましょう。

リフレクション　板書を視写させ，感想をまとめさせる❶

【板書】読むコツ　何かよく分からないこと（もの）をそのままにしておく。意味は作品の作り手も分からない。「何だろう」と思わせることを目的としている。正しい解答はないのだから，読み手の私たちはあれこれ想像して楽しもう。【指示】感想をまとめましょう。

■深い学びに導くポイント

少し，補足します。

先日，１人の学生が「村上春樹がなぜあんなに世の中に受け容れられているか分からない，教えてください」と質問してきました。

「〈リトル・ピープル〉って何ですか，〈羊男〉，〈やみくろ〉って何ですか」

村上ワールドのこれらは，ヒッチコックのマクガフィンに近い機能を有しています。確かに，これまで学生が教室で読んできた教材は，すべて「解き明かされるべき対象」でした。義務教育の教科書教材で謎が放置される面白さを伝えている作品を筆者は，後述「故郷」（126頁）しか知りません（過去に「水仙月の四日」が中学校１年生の教科書に掲載されていたこともありましたが）。「すっきりしないもの」が「すっきりしない」ままであることに，耐えられない読み手は結構いるのかもしれません。「すっきりしない得体のしれないもの」に耐えられない人は，文学や芸術を味わう面白さの何割かを失ってしまいます。それを理由に村上春樹ワールドに入れない人もきっと多いことでしょう。勿体ないことです。

「すっきりしないこと」自体が送り手のねらいです。送り手は，解答など初めから用意していません。用意しようとすらしていません。だからこそ，その文脈に乗って，「ああでもない，こうでもない」と読み手同士で自分の仮説を出し合い，勝手に楽しめばよいのです。

謎の放置については，まさに，読者行為論に沿った授業を具現化できます。「すっきりしない楽しさ」を味わわせてみましょう。

第３章　実践編　小学校　定番教材でのアクティブ・リーディングの授業　101

6. 第3次の授業

■本時のねらい

　5月と12月の描写を対比する活動を通して，「やまなし」や「カワセミ」の象徴性について説明することができる。

コンフリクトを生む〈発問〉❷

> 5月と12月を対比して表にまとめましょう。

> 「やまなし」は，この作品の中で何を象徴しているのでしょう。

　この2つの問いに対する子どもの反応は省略します。

■深い学びに導くポイント

　この〈対比〉活動は，すでにどの教室でも平準化して行われていますのでここでの詳説は控えます。

　「暗」と「明」，「動」と「静」，「昼」と「夜」，「怖」と「喜」，「死」と「生」といった対比構造が浮かびあがることと思います。「よく分からない作品」が，見えてくる学習活動となります。

　〈対比〉した後に，それぞれを抽象化して〈象徴〉を捉えるという学習展開は汎用性があります。特に，2つの異なった世界を描いている作品は，この構造の分析を基にして，それぞれの〈象徴〉を捉えると作品の透明性はよくなります。また，際だった対照性を見せる事物があれば，その事物に絞って，その〈象徴〉を捉えるとよいでしょう。

　本作品では，「カワセミ」と「やまなし」が後者の対照性を成しています。しかも題名は「カワセミとやまなし」ではなく「やまなし」です。ですので，「やまなし」の〈象徴〉を発問するとよいでしょう。

内化　獲得する〈読み方〉❷

【〈対比〉した後に, 〈象徴〉を捉える】

外化　〈読み方〉を活用させる❷

やはり宮澤賢治の「水仙月の四日」を発展教材として位置付け,「やまなし」で獲得した〈対比〉と〈象徴〉を使って作品を読み解かせたいところです。マクガフィン,〈対比〉,〈象徴〉の3点が揃って活用できる作品, それが「水仙月の四日」です。大変に難しい学習になりますが,「水仙月の四日」で, 学習の転移が図られるか勝負してほしいと思います。「水仙月の四日」では,「常緑木」である「宿り木」の「生命力」や,「赤い毛布」の「赤」が記号する「命の灯」といった〈象徴〉を押さえましょう。「春の到来」における「生命の再生」に気づくことになります。

リフレクション　次の課題を与えてノートに書かせる❷

【課題】作品「水仙月の四日」では, この「子供」は生きていますか, 生きていませんか。【アナロジー】「やまなし」で,「やまなし」の〈象徴〉を考えたことを,「水仙月の四日」で活用してみましょう。「男の子」のもっている「やどりぎの枝」と「男の子」の着ている「赤い毛布」は何を〈象徴〉しているでしょう。

■深い学びに導くポイント

「やまなし」を経験的に実感をともなった〈読み〉にするのは難しいでしょう。筆者自身, 川の底に住む河蟹になり, 川の水面を見上げるといった類推をするための原経験が決定的に欠けています。カワセミが魚をとるところも見たことはありません。やまなしも食べたことはありません。それどころか, 12月の夜の谷川にいたことさえありません。

「暗」と「明」,「動」と「静」,「怖」と「喜」,「死」と「生」といった対比構造を操作的に理解できても, 体験的に理解できないのです。

筆者の趣味の1つは登山です。毎年山稜や谷間, 湖畔で野営もしています。その筆者の体験からも本作品世界を類推するのは難しい。子どもたちには, 類推するための原体験が欠如しているわけですから, 形式的な授業に陥らざるを得ないのは仕方ないのかもしれません。

第3章　実践編　小学校　定番教材でのアクティブ・リーディングの授業　103

第4章

実践編

中学校
定番教材での
アクティブ・
リーディング
の授業

| 1年 | ●ヘルマン・ヘッセ　高橋健二訳（『国語1』光村図書，平成28年度版）|

少年の日の思い出

1. 単元のねらい

　「僕」と「エーミール」の「ちょうの収集」を対比し，「僕」のとった行為の意味を考える活動を通して，作品を貫く秩序を説明することができる。

2. 評価規準

　A　「僕」がちょうを「一つ一つ取り出し，指で粉々に押しつぶし」た意味について複数の叙述を〈根拠〉にあげて説明することができる。

　B　「僕」がちょうを「一つ一つ取り出し，指で粉々に押しつぶし」た意味について叙述を〈根拠〉にあげて説明することができる。

3. 学習のポイント

⑴　第3次にて「僕」のちょうへの並々ならぬ熱情を押さえる。

⑵　道徳的な秩序を尺度として作品を解釈しない。

4. 単元計画（全6時間）

第1次　全体を音読する。（1時間）

第2次　語り手が変更されている構造をつかむ。最初の導入場面を設定した意味を考える。（1時間）

第3次　「僕」の「ちょう集め」と，「エーミール」のそれを対比する。

（1時間）

第4次　「僕」の心情の変化をとらえるとともに，作品を一貫する秩序を自分なりに〈言語化〉する。（3時間）

5. 第3次の授業

■本時のねらい

　「僕」の「ちょう集め」と「エーミール」のそれを対比する活動を通して，2人の「ちょう」に対する熱情や，その収集の仕方の差異，そして2人の価値観の相違等を説明することができる。

コンフリクトを生む〈発問〉❶

　「僕」の「ちょう集め」と「エーミール」の「ちょう集め」を対比し，その違いを表にまとめましょう（67頁の解説を参照）。

僕	エーミール
「全くこの遊戯のとりこになり」	「専門家らしくそれを鑑定」
「むさぼるような，うっとりした感じ」	「二十ペニヒぐらいの現金の値打ち」
「宝を探す人」	「展翅のしかたが悪い……」→批評家
「捕らえる喜びに息もつまりそう」	「クジャクヤママユをさなぎからかえ
「緊張と歓喜ときたらなかった。」	した」→技術屋

内化　獲得する〈読み方〉❶

　【登場人物について〈対比〉する】

外化　〈読み方〉を活用させる❶

　この〈読み方〉は，あらゆる作品で有効です。「自立した読み手」に育てるうえで，教師からの発問や指示がなくとも，自ら登場人物を〈対比〉する読み手に育てたいものです。

リフレクション　板書を視写させ，ノートにまとめさせる❶

　【板書】「僕とエーミールのちょう集めを対比したら，次のことが分かった。
　　　　……（以下は子どもたちにまとめさせましょう）」

第4章　実践編　中学校　定番教材でのアクティブ・リーディングの授業　107

6. 第4次の授業

■本時のねらい

「僕」の言動の一つ一つを丁寧に確認する活動を通して，作品を一貫している秩序を〈言語化〉することができる。

コンフリクトを生む〈発問〉❷

> 「僕」は，どの時点でちょうを「盗もう」としたのですか。

〈根拠〉「クジャクヤママユほど僕が熱烈に欲しがっていたものはなかった。」
　　　　とある。〈解釈〉「熱烈」なのだから，はじめから盗もうと思っていた。

〈根拠〉「エーミールがこの不思議なちょうを持っているということを聞くと，
　　　　僕は，すっかり興奮してしまって」とある。〈解釈〉聞いただけで興
　　　　奮している。だから，はじめから盗もうと思っていた。

〈根拠〉「せめて例のちょうを見たい」とある。〈解釈〉最初は，「見たい」だ
　　　　けだったと思う。

〈根拠〉「あの有名な斑点だけは見られなかった。細長い紙切れの下になって
　　　　いたのだ。／胸をどきどきさせながら，僕は紙切れを取りのけたいと
　　　　いう誘惑に負けて，留め針を抜いた。」とある。〈解釈〉最初は斑点を
　　　　見ようとしただけだった。計画的に「盗もう」としていたわけではな
　　　　い。

〈根拠〉「四つの大きな不思議な斑点が，挿絵のよりはずっと美しく，ずっと
　　　　すばらしく，僕を見つめた。」とある。〈理由〉盗めと言われているよ
　　　　うに見えたんだと思う。〈解釈〉ここで盗もうと思ったんだと思う。

> 「僕」は，どの時点でエーミールに謝ろうとしたのですか。

〈根拠〉「その瞬間に，僕の良心は目覚めた。」とある。〈理由〉女中とすれち

108

がった時に，いずれ謝らなければならないことになると思っていた。あとは，謝るタイミングが難しかっただけの話だ。

〈根拠〉「おまえは，エーミールのところに行かなければなりません。」とある。〈理由〉お母さんに諭されて，謝ろうと思った。

〈根拠〉エーミールに会っても，すぐに謝罪しようとしていない。「僕は，そのちょうを見せてくれ，と頼んだ」とある。〈理由〉エーミールに悪いと思っていたら，最初から謝るはずだ。

〈根拠〉「それは僕がやったのだ，と言い，詳しく話し，説明しようと試みた。」とある。〈理由〉「試みている」だけで本気で謝ろうとはしていない。謝ったふりをしているだけで，本当は謝っていないんだと思う。

　「僕」は，真剣にエーミールに謝ろうとはしていないと考えていいですね。謝罪するとしたら，何に対してでしょう。

C：誰にも謝ってはいないと思う。そんなことをした自分に怒っているというおうか，そんなことをした自分が信じられないといおうか。

C：あえて言えば，熱情をかたむけていた過去の自分に謝っているんじゃないか。

C：美しいものを汚してしまったこと，そのことを後悔している。だから，謝罪するとしたらクジャクヤママユに対してだと思う。

C：「僕は，だいなしになったちょうが展翅板の上に載っているのを見た。エーミールがそれを繕うために努力した跡が認められた。（略）そこで，それは僕がやったのだ」とある。盗んだことではなく，「美しいもの」を汚してしまったこと，そのことに謝ろうとしている。

■深い学びに導くポイント

　この一連の問いは，「僕は，なぜ盗んでしまったのか」という中心人物の心情への洞察を促します。そして，「エーミールへの謝罪は形式的なものでしかない」ことに気づかせます。だからといって，許される行為であるとい

うわけではありませんが。

　僕の後悔は，「誰よりも〈美しいもの〉を求めていた自分であったはずなのに，その〈美しいもの〉をこの自分が汚してしまったという事実」にあります。これは切ない〈パラドックス〉であると言えるでしょう。閾値を超えた熱情が社会に背反する言動を誘発してしまったという悲しい事実でした。もっと多様な〈解釈〉も可能ではありますが，このように仮説すると，作品世界の様々な記号の整合がとれていきます。

　また，ここで，もう１つの〈パラドックス〉が読み取れます。エーミールについて僕は，「嘆賞しながら彼を憎んでいた。」と語っています。事実，僕は，エーミールのちょうを管理する技術を高く評価しており，美しいものを損ねた僕は，「美しさを繕うエーミールの技術」に頼ろうとしました。僕の罪を救うことができたのは，憎んでいたエーミールであったという２つ目の〈パラドックス〉が作品に厚みを加えます。エーミールを頼る行為も，全く自分勝手だと捉えることもできます。しかし，同時に，「〈視点人物〉から嫌われていたエーミールも，実は彼から頼られていたのだ」という事実は，どこか「救い」があるような気持ちになりませんか。

　この２つの〈パラドックス〉は本作品に深い味わいをもたらしています。

> 　「僕」の収集したものが，もし，「コイン」や「切手」だったとしたら，作品はどう変わるでしょう[21]。

　Ｃ：コインや切手は，購入することができる。ちょうは買うものじゃない。
　Ｃ：コインや切手は，替えることができる。でも，捕まえたちょうは，一
　　　匹一匹違うので，替えることができない。
　Ｃ：ちょうは，コインや切手よりも手入れが難しい。
　Ｃ：ちょうは，一匹一匹捕まえるのが大変だったと思う。捕まえるまでの
　　　プロセスが違っている。だから，一匹一匹への思い入れが違う。

■深い学びに導くポイント

　最後のシーンでは，「僕は，なぜ，ちょうを押しつぶしたのでしょう」という問いを投げかける授業が多いようです。そして，多くの実践報告では，この問いに対して「一度起きてしまったことは二度と取り返しのつかないことだから，後悔して，やった」「エーミールに悪いと思ってやった」といった解釈を掲載しています。

　石原千秋氏（2005：58）は，『国語教科書の思想』の中で「現在の日本の国語教育はあまりにも『教訓』を読み取る方向に傾きすぎている」と述べ，「国語教育で行われる読みは息苦しいまでに道徳的（同：69）」であることを指摘しています。筆者もそう思います。

　私たち教師は，「作品を道徳的に読もうとするバイアス」をもっています。これは職業病とも言える教師に染み付いた習性です。そして，教師の欲する意見を察するように子どもたちも作品を道徳的に解釈します。

　どのような〈読み〉を創出しても悪くないのですが，道徳的な〈読み〉では，「僕」の「ちょう集め」と「エーミール」の「ちょう集め」を対比した前半部から一貫している秩序を説明できません。

　最後に次の２つの発問を投げたいと思います。

> 　もっとディープな世界にいきましょう。ちょうを箱ごと焼くこともできたし，箱ごと捨てることもできましたが，もし，焼いたり，捨てたりしたら，作品はどう変わりましたか。「一つ一つ取り出し，指で粉々に押しつぶし」た意味を考えてみましょう。

Ｃ：箱ごと焼いたり，捨てたりするのは，捨てようとする明白な意志がある。でも，「粉々に押しつぶしてしまった」行為は，そこまで明白な意志はないような気がする。

Ｃ：箱ごと焼いてしまったという言い方はあまりしないと思う。「押しつぶしてしまった（傍点筆者）」というのは，分かるけれども。

C：「一つ一つ」のちょうと自分との，これまでの関係を自分で否定して
　　いるような感じがする。

C：「一つ一つ」というところに，ちょう一匹一匹との思い出を消し去っ
　　ている痛々しさがある。

　「ちょう」と一緒に押しつぶしてしまったものはありませんか。
　（「ある」という生徒の声を受けて）
　では，「ちょう」と一緒に押しつぶされてしまったものは何でしょう。

■深い学びに導くポイント

　僕にとって「ちょう」は，少年の日のすべてを捧げた熱情そのものでした。
一日中，お昼も食べずに昆虫取りをしたことのある人なら，その熱情に共感
できるでしょう。昆虫取りでなくとも，一日中時間を忘れて1つのことに熱
中した経験のある人であれば，その熱情が過ぎたことによる悲劇であること
に（共感はできなくとも），一定の理解を示すことはできるでしょう。

　僕は，ちょうだけを追うことが許されていた少年時代，また，規則や道徳
に拘束される世界から隔絶して純粋に好きなものだけを追い求めることがで
きた少年時代にどっぷりと浸かっていたのです。僕は，この事件で，無垢で
いることのできた世界（イノセントの世界）から決別しなければならなくな
ったのです。

　なぜ，〈視点人物〉の僕は，エーミールのことをあんなにも悪く描写しな
ければならなかったのでしょう。美しい観念の世界で生きている自分と正反
対の，すでに大人の社会に全身を投げ入れているエーミールは，薄気味悪く
映ったことでしょう。自分が捕まえたちょうを一つ一つ指で押しつぶしてし
まった行為は，自分のこれまでの熱情を否定する行為です。

　このように考えると，作品内の「ちょう」は，様々な意味を〈象徴〉して
いたことが分かります。「僕の心をとりこにした美しさ」の〈象徴〉であり，
「僕の少年時代の熱情」，「僕を夢中にした少年時代そのもの」の〈象徴〉だ

ったわけです。

このような〈象徴性〉は，「もし，ちょうがコインや切手なら……」と考えたことでより鮮明化します。まず，事物自体がもっている特質の輪郭を明白にします。ちょうの美しさ，可憐さ，脆弱さ，希少性，気ままさ，自由さ，そういった〈象徴性〉が，「もし……なら」と他の事物と置き換えることで見えてくるわけです。

また，〈象徴〉は文脈のなかで浮かびあがってくるものでもあります。「僕」が，箱ごと焼かず，捨てず，「一つ一つ取り出し，指で粉々に押しつぶ」す過程で見えてくるものでもあります。

「押しつぶしてしまったものは他にありませんか」という補助発問は，一種の誘導ですが，このように問うことで，〈象徴〉の蓋然性が高まります。

内化　獲得する〈読み方〉❷

【〈パラドックス〉を味わう】

【「もし……なら，」という仮言命題で作品を読む】

【〈象徴〉を読み取る】

リフレクション　次の課題を与えてノートに書かせる❷

【指示】〈パラドックス〉〈象徴〉，「熱情」「少年からの決別」という鍵語を
　　　　使って，作品をまとめよう。

| 2年 | ●太宰治（『国語２』光村図書，平成28年度版） |

走れメロス

1．単元のねらい

　登場人物にかかわる設定や，物語の展開といった構成，文体に着目する活動を通して，作品世界を説明することができる。

2．評価規準

　A　「登場人物にかかわる設定」や「物語の展開の仕方」，「登場人物の心情の推移」「文体」といった複数の分析視点を基に，作品の魅力を説明することができる。

　B　幾つかの分析視点を基に，作品の魅力を説明することができる。

3．学習のポイント

　(1)　シラーの原作「人質」との対比から作者の表現の豊かさを発見する。

　(2)　勧善懲悪的な作品が教科書に掲載されるのは珍しい。それだけに，本作品を通して，ハリウッド映画が多様する１つのスタンダードな物語の〈構造〉を内化させる。

4．単元計画（全６時間）

第１次　全体を音読する。（１時間）

第２次　文体の特徴を整理する。（１時間）

第３次　登場人物の人物像を捉える楽しさを味わう。（２時間）

第４次　用意周到な作品構成と表現の豊かさを味わう。（１時間）

第５次　「謎」について，様々な仮説を述べる楽しさを味わう。（１時間）

5. 第2次の授業

■本時のねらい

　冒頭の一文の効果を考える活動を通して，本作品全体を貫いているリズムやテンポという文体の特徴を説明することができる。

コンフリクトを生む〈発問〉❶

　「メロスは激怒した」で始まります。この書き出しをどう思いますか。
（補助指示）この一文がなく，「（メロスは），かの邪智暴虐の王を除かなければならぬと決意した」で始まるとどうでしょう。

　C：「メロスは激怒した」と読むと，「いきなりですか」という感じがする。
　C：「激怒した」と言われると，「あ，はい，すみません」と思わず返事をしそうになる。

■深い学びに導くポイント

　内田樹氏（2012b：53）は，作品の冒頭部分について，〈疾走する文体〉という観点で「ドライブする文体と，そうでない文体がある。すぐれた作家は一行目から『ぐい』と読者の襟首をつかんで，一気に物語内的世界に拉致し去る『力業』を使う。」と言っています。

　内田氏が例に用いたのは太宰の『晩年』です。が，これは，「走れメロス」の冒頭にも当てはまります。私たち読み手は，いきなり何だかよく分からない苛立ちの真っ只中に連れ去られ，気づいたら王城に入り込み，いつの間にかメロスとともに走り出しているわけです。

　「ドライブする文体」とは言い得て妙です。筆者は，村上春樹氏（1980：3）の『1973年のピンボール』の冒頭で強い衝撃を受けたことを覚えています。「見知らぬ土地の話を聞くのが病的に好きだった。」

　皆さんにも，冒頭の一文で「ガツン」と脳天を叩かれ，そのまま作品世界に放り込まれたという経験があることでしょう。「走れメロス」はそれを確

第4章　実践編　中学校　定番教材でのアクティブ・リーディングの授業　115

認したくなります。

内化　獲得する〈読み方〉❶

【冒頭の一文に着目する】

【文体のスピードやテンポを楽しんで読む】

外化　〈読み方〉を活用させる❶

先生方が読んで衝撃を受けた冒頭部分を生徒に紹介してあげるとよいと思います。先の内田樹氏が引用した太宰の『晩年』の冒頭は以下のとおりです。

「撰ばれてあることの　／　恍惚と不安と　／　二つわれにあり

　　　　　　　　　　ヴェルレエヌ

　死なうと思つてゐた。」

確かに，襟首を捕まれてグイと作品世界に拉致されます[22]。

この冒頭に関連して，音楽評論家田家秀樹氏（1984：55-59）が日本の音楽シーンを牽引してきた松任谷由実と中島みゆきの２人を取り上げて大変興味深い指摘をしています。脱線しますが，紹介します。

松任谷由実のエッセイ『ルージュの伝言』の冒頭は「私は天才です。」で始まります。その一方，中島みゆきは，『生きていてもいいですか』というタイトルのアルバムを作っています。何と対照的なのでしょう。これは松任谷由実と中島みゆきを対比した『33回転の愛のかたち』という音楽評論の書籍に書かれています。

田家氏は，２人の自意識を「恍惚に賭けた，ユーミン。不安から出発した，みゆき。」と述べています。この視点から２人のアルバムを聴き直すと，新しい世界が見えてきます。やはり〈対比〉は有効です。

そして，その両方の自意識が同居していたのが，太宰治だったわけです（ヴェルレーヌの原詩「智慧」は少しニュアンスが違いますが）。

こんな作品の冒頭部について，子どもたちに図書館で調べ学習をさせると面白いでしょう。

116

リフレクション　板書を視写させ，感想をまとめさせる❶

内田樹氏の文章を少し文言を変えて引用させます。

【板書】 読むコツ 〈ドライブする文体〉と，そうでない文体がある。太宰
治は一行目から「ぐい」と私たちの襟首をつかんで，一気に物語の世
界に拉致する（内田樹より）。【指示】 感想をまとめましょう。

6. 第3次の授業

■本時のねらい

暴君ディオニスの人物形象を捉える活動を通して，よい作品では，登場人
物全員に作者の愛情が注がれていることに気づく。

コンフリクトを生む〈発問〉❷

よい作品には，必ず「魅力的な悪役（ヒール役）」が登場します。本
作品の暴君ディオニスはどうでしょう。あなたにとって，魅力的な悪役
ですか，魅力のない悪役ですか。

C：「暴君」そのものである。感情移入できっこない人物だ。

C：君主は，常に誰かにその地位を狙われているものだ。実際，そういっ
た部下もいたのだと思う。一度でも誰かのことを疑ってしまうと，ディ
オニスのようになってしまっても仕方ないのかもしれない。

C：「わしも仲間に入れてくれまいか」という台詞が嘘っぽい。メロスが
最後に「赤面」したのは，真っ裸の自分が恥ずかしくなったのではな
くて，厚顔無恥でこんな台詞を吐いたディオニスに恥ずかしくなった
のではないか。そう考えると滑稽だ。逆説的に言えば，作品内で，一
番魅力的な人物だと言えなくもないが。

■深い学びに導くポイント

勧善懲悪的なドラマや映画は溢れているのに，教科書教材では多くありま
せん。闘争ものが教科書に馴染まないからでしょう。そういった意味で本作

第4章　実践編　中学校　定番教材でのアクティブ・リーディングの授業　117

品は珍しい立ち位置を占めています。

　さて，唐突ですが，特撮ウルトラマンやウルトラセブンには魅力的な怪獣がたくさんいました。そして，曰く付きの怪獣たちは子どもたちに愛されました。ジャミラは，宇宙開発競争のさなか，某国が打ち上げた人工衛星に乗っていた宇宙飛行士がある星に不時着し，救助されなかったために変貌した怪獣でした。また，ウーは，孤児のゆき（雪ん子）が村人から迫害を受け，助けを呼ぶ声と共にゆきを救うべく現れる怪獣でした。脚本家の1人，金城哲夫氏は沖縄出身ですが，沖縄がまだアメリカから日本に返還されていない時代に上京しています。「うちなんちゅう」であると同時に「やまとんちゅう」でもあった金城氏のボーダーレスの苦悩が，アイデンティティ・クライシスとして異星人に投影されていたと言われています。

　ウルトラマンの怪獣に限らず，作り手が作中人物の誰かに自身を投射しているのではないかと推測される作品は多いものです[23]。殊に，対役，しかも悪役（ヒール役）に作り手が自身を投影している作品には味わいがあります。もう1つ，例をあげさせてください。ウルトラマンに続く古い漫画で恐縮ですが，野球漫画『ドカベン』では，主人公ドカベンの母校明訓高校の対戦相手が作品を躍動させていました。「次はどんな敵と戦うのだろう」……それが楽しみになっていたわけです。漫画家水島新司さんは明訓高校の隣にあった新潟市立白新中学校を卒業しています。中卒の水島さんは高校に進学していません。ドカベンの一番のライバルであった不知火守は，水島さんの母校「白新」の名をとった白新高校の投手でした。ちなみにドカベン（山田太郎）は不知火に4打席連続三振を喫しています。作者が対役に愛情を注いでいる例は，これに限らず，たくさんあげられることでしょう。

　「走れメロス」に戻します。ディオニスと太宰を重ねる〈読み〉はどうでしょう。作り手が何らかの愛情をもってその悪役（ヒール役）を描いているとすると，それを飲み込んだうえで，その人物を味わってみると面白いでしょう。このような〈読み〉は紹介しなければ子どもは気づきません。平面的だった作品世界が少しばかり立体的に映るはずです。単純な対立関係も，複

雑な織物（テクスト）として，美しい模様が見えてくるはずです。

内化　獲得する〈読み方〉❷

【悪役（ヒール役）の作品内での魅力をみつける】

【作り手と登場人物を重ねて読む】

外化　〈読み方〉を活用させる❷

　手元にある漫画やアニメなどをこの方略で読んでもらいましょう。教師が分からない作品であっても，子ども同士で，「あ〜，あの漫画の悪役の○○も同じだね」「分かる，分かる，そうだね」といった会話が交わされることでしょう。

リフレクション　次のテーマを与えてノートに書かせる❷

【アナロジー】「私の好きな登場人物」といったテーマで，好きな漫画やドラマ，アニメについて書かせると面白いでしょう。可能であれば主人公でなく，悪役（ヒール役）で書かせると，結構読み応えのある文章が寄せられると筆者は思います。

7. 第4次の授業

■本時のねらい

　シラーの原作「人質」と「走れメロス」を対比する活動を通して，「走れメロス」の構成の周到さや表現の豊かさを味わうことができる。

コンフリクトを生む〈発問〉❸

　「走れメロス」と原典である叙事詩「人質」（作：シラー）を対比してみましょう。違いはどこにありますか。その違いにどんな意味をみつけられるでしょう。

　子どもの反応は省略します。多くの相違点とその意味があがるでしょう。

内化　獲得する〈読み方〉❸

【作品と，そのもとになっている原典を比べて読む】

第4章　実践編　中学校　定番教材でのアクティブ・リーディングの授業　119

外化　〈読み方〉を活用させる❸

「竹取物語」を想起させてみましょう。また和歌で〈本歌取り〉を教える際に，本授業を想起させてみましょう。

■深い学びに導くポイント

「なんだ，真似じゃん」といった落胆した子どものつぶやきが聞こえるかもしれません。しかし，57頁に記したように，「模倣」は悪いことではありません。パロディもリライトも立派な文学であると押さえます。

リフレクション　板書を視写させ，ノートにまとめさせる❸

【板書】「走れメロス」には，ディオニスと同じようなメロスの人間的弱さ
　　　　が克明に記されている。ここから……（以下は子どもたちにまとめさ
　　　　せましょう）

コンフリクトを生む〈発問〉❹

> 「川の氾濫」と「盗賊」と「自暴自棄」の３つのシーンの順番を，「盗賊」，「自暴自棄」，「川の氾濫」といったように替えてもよいですか。この順でないとダメですか。

Ｃ：このままがいい。なんとなく，だんだん難しい問題になっている。

Ｃ：「川の氾濫」は自然の災難だ。「盗賊」は人工的な災難で，最後は自分自身の弱い心と闘っている。一番難しいのは，自分の弱い心に打ち克つことだと言っているみたいだ。

■深い学びに導くポイント

実は，「走れメロス」にて，ハリウッド映画のプロットでよく使用されているスタンダードなパターンを教えることができます。ここにその一例をあげてみましょう。

1　主人公が問題に巻き込まれる。

2　対立する悪役がいる。

3　幾つかの災難が降りかかる。そして，その災難を乗り越えていく。

4　最大のジレンマに遭遇する（ダメだと思う）。

5　一大決心をして奮闘する（立ちあがる，立ち向かう）。

6　解決する。ハッピィエンド。

このプロットはハリウッド映画の王道です[24]。作品名をあげる必要がないくらいこのパターンをなぞっています。この「災難」から「ジレンマ」に至る過程は，本作品で教えておくとよいでしょう。ここから「最大の敵は，自然的障害でも，社会的障害でもない，自分の心にある」といった人類における普遍的なテーマに導かれるわけです。ハリウッド映画が飽きもせずこのプロットをなぞっているのは，このテーマが，観衆になんらかのカタルシスをもたらしているからなのでしょう。分かっていても楽しんでしまう，定型だからこそ楽しんでいる私たちがいるわけです。

このほか，「走れメロス」では，「3日間の日限」が設定されています。「制約」があることも，物語のドラマ性を高める手段として有効です。これも多くのハリウッド映画で使われている手法です。

蛇足になりますが，物語について映画関係者は次のように定義しています。

「物語とは要は問題を抱えたキャラクターのことだ」

「（物語には）簡単には手に入らない何かを求めるキャラクターがいる」

いずれもその通りだと言えるでしょう。

内化　獲得する〈読み方〉❹

【災難には自然的障害，社会的障害，心理的障害がある。一番大きな障害は自分自身の心の中にある】

外化　〈読み方〉を活用させる❹

これまでと同様に，漫画やアニメ，映画やドラマにそのパターンを探させてみましょう。ちょうど興行しているハリウッド映画を話題にするとタイムリィでよいかもしれません。

リフレクション　次のテーマを与えてノートに書かせる❹

【アナロジー】「災難を乗り越えたヒーロー（ヒロイン）物語」といったテーマで，好きな漫画やドラマ，アニメや映画のプロットを分析させる

第4章　実践編　中学校　定番教材でのアクティブ・リーディングの授業　121

と面白いでしょう。

8. 第5次の授業

■本時のねらい
　丁寧に叙述を拾い，〈根拠〉として響き合わせる活動を通して，登場人物の心情を様々に解釈できる作品の面白さや豊かさを味わう。
コンフリクトを生む〈発問〉❺

　ディオニスはメロスを殺すつもりだったのでしょうか。殺すつもりはなかったのでしょうか[25]。

〈根拠〉「王様は，人を殺します」とある。しかも大勢殺している。〈理由〉
　　　それまで大勢殺した王なら，メロスの命を気にするはずがない。

〈根拠〉「初めは王様の妹婿様を。……」とたくさんの身内を殺している。
　　　〈理由〉死刑にされる村人が今更1人増えても，変わらない。

〈根拠〉メロスは「町を暴君の手から救うのだ」と息まいている。〈理由〉1
　　　つの大逆罪みたいなものなのだから死刑になって当然だ。

〈根拠〉「ちょっと遅れて来るがいい。おまえの罪は，永遠に許してやろう
　　　ぞ」と言っている。〈理由〉セリヌンティウスは殺してメロスを放免
　　　しようとしている。

〈根拠〉最後に「わしの心に勝ったのだ」と言っている。〈理由〉勝ってもら
　　　ってよかったと思っている。誰も殺したくなかったのでは。

〈根拠〉「わしも仲間に入れてくれまいか」とも言っている。〈理由〉殺そう
　　　と思っていた相手に「仲間に入れてくれ」と言うのは，何が何でも都
　　　合が良すぎる。はじめから殺す気持ちはなかったんじゃないだろうか。

　ディオニスは本当に改心したのでしょうか[26]。

〈根拠〉「仲間の一人にしてほしい」と書いてある。〈理由〉ただ望みがかなったというのではなく，「仲間」と言っているところに心が変わったのが感じられる。

〈理由〉群衆が「歓声」をあげているということは，かなり大きな声で言っているはず。堂々と言っているから改心したといえるのではないか。

〈根拠〉「わし」「おまえら」とディオニスは言っている。〈理由〉まだ上から目線で話している。〈解釈〉改心していないのではないか。

〈根拠〉「群衆の背後」からディオニスは見ている。〈理由〉ということは群衆の反応を見ていた可能性があるから群衆の様子に合わせて改心したようなことを言ったのではないか。

〈根拠〉「やがて静かに二人に近づき，顔を赤らめて」とある。〈理由〉小さな声だったのではないかな。そうすると，恥ずかしがって，小声で言っていて，完全に改心した感じがしない。

■深い学びに導くポイント

2つの発問の後に，117頁の問い「ディオニスはあなたにとって魅力的な悪役かどうか」を尋ねてもよいでしょう。「顔を赤らめ」て仲間に入れてほしいと言ったディオニスと，最後に「赤面した」メロスも重なりますね。似た者同士かもしれません。完全無欠な信実の物語にしてしまった作者太宰治の恥ずかしさも合わせて，すべての恥ずかしさの符号が一致したように読めるのは筆者だけでしょうか。

授業後，1人の子どもが，ディオニスについて「どれだけ改心しても，多くの人を殺害した王はやがて，彼らに報復され，無残な最期を遂げるだろう」とリアルな感想を寄せました（この子どもは今，映画の製作をしています）。こういった読みも含め，文学の豊かさと楽しさを味わわせたいものです。

リフレクション　次の課題を与えてノートに書かせる❺

【指示】これまでの話合いを基にして，悪役（ヒール）役のディオニスについて，自分の考えをまとめてみよう。

| 3年 | ●魯迅　竹内好訳（『国語3』光村図書，平成28年度版） |

故郷

1. 単元のねらい

　時と所と人に着目して考える活動を通して，場面設定について説明することができる。また，複数の登場人物の言動や情景描写を響き合わせる活動を通して，作品を貫いている秩序を自分なりに説明することができる。

2. 評価規準

　A　登場人物の言動や情景描写にかかわって多くの叙述を響き合わせて，
　　作品を貫いている秩序を説明することができる。

　B　登場人物の言動や情景描写にかかわって幾つかの叙述を関連させて，
　　作品を貫いている秩序を説明することができる。

3. 学習のポイント

　(1)　物語の設定とは，「時」と「所」と「人」のことであることを再確認
　　する。
　(2)　「中心人物」の変化について，多くの叙述を拾いあげる。

4. 単元計画 （全6時間）

第1次　全体を音読する。（1時間）
第2次　場面分けをする。（1時間）
第3次　ルントウとヤンおばさんの変貌を捉える。（1時間）
第4次　気になる表現を拾い，解釈する。（1時間）
第5次　作品を一貫している秩序を考える。（2時間）

5. 第2次の授業

■本時のねらい

　時と所と人に着目して考える活動を通して，場面設定について説明することができる。

コンフリクトを生む〈発問〉❶

　「故郷」は7つの場面で分けられます。7つに分け，それぞれ，なぜそのように分けたのか，という〈理由〉も記してください。

■深い学びに導くポイント

　高校入試を前にして，場面分けのポイントの最終点検になります。場面分けの観点は以下のとおりです。

　　時の変化……「明くる日の朝早く」「このとき突然」「ある寒い日の午後」
　　場所の変化……「私は我が家の表門に立った。」
　　　　　　　　　「船はひたすら前進した。」
　　人物の変化……「母はもう迎えに出ていた。」
　　情景描写や人物描写と心理描写……「私の脳裏に不思議な画面が……」
　　　　　　　　　「子供の頃の思い出が，（略）よみがえり」
　　心理描写内で「心情」と「思考」……（本作品ではなし）

　この観点が生徒に骨肉化していると，他の作品を読む際にも活用できます。義務教育最後に扱う文学作品で確認しておきたいところです。

　第7場面は，次のどこで始まりますか。
　1　古い家はますます遠くなり，……
　2　母とホンルとは寝入った。
　3　私も横になって，船の底に水のぶつかる音を聞きながら，……
　4　その他

子どもの反応は省略します。

内化　獲得する〈読み方〉❶

【場面分けの観点「時（とき）」「所（ところ）」「人物（ひと）」「描写」等】

外化　〈読み方〉を活用させる❶

教科書の資料編に掲載されている他の作品の設定を確認する時に，場面分けさせてみましょう。

リフレクション　次の課題を与えてノートに書かせる❶

【指示】場面分けをする時の観点をまとめよう。

6. 第3次の授業

■本時のねらい

登場人物の言動と自分の経験を照らし合わせて考える活動を通して，作品の謎について自分なりに推論することができる。

コンフリクトを生む〈発問〉❷

> 灰の山に碗や皿を隠しておいたのはだれですか。
> 　1　ルントウ　　2　ヤンおばさん　　3　母　　4　ホンルやシュイション　　5　他の客たち　　6　私　　7　ほか

〈解釈〉ルントウが埋めた。〈根拠〉「あれこれ議論の末，それはルントウが埋めておいたにちがいない，灰を運ぶとき，いっしょに持ち帰れるから，という結論になった。」とある。〈理由〉議論の末の結論なのだから，そう考えるのが妥当だ。

〈解釈〉ルントウだ。〈根拠〉「子だくさん，凶作，重い税金」など，ルントウはとても生活が苦しそうだ。〈理由〉わら灰と一緒に運ぼうとしていたのだと思う。

〈解釈〉ルントウではない。〈根拠〉「彼は品物を選び出した。長テーブル二個……」とある。〈理由〉わざわざ隠して持っていく必要はない。

126

堂々と「ください」と言えばもらえたわけだから。

〈解釈〉ヤンおばさんだ。〈根拠〉ヤンおばさんが、「灰の山から（略）掘り出した。」〈理由〉わざわざ「掘り出す」というのが、不審な行動だ。ルントウがわら灰を持っていくと聞いて、あわてて掘り出したと思う。ヤンおばさんが、隠しておいて後で掘り出そうとしていたのだと思う。

〈解釈〉ヤンおばさんだ。〈根拠〉「ヤンおばさんは、この発見を手柄顔に（略）飛ぶように走り去った。」とある。〈理由〉この去り方が不自然だ。ヤバいことにならないうちに逃げたんだと思う。

〈解釈〉同じ。〈根拠〉同じ。〈理由〉自分が埋めておいたことを隠すために「手柄顔」をつくろったのではないか。また、ヤンおばさんは、「わら灰」に埋めておいた「犬じらし」が一番欲しかったのではないか。その「犬じらし」を持って「走り去った」んだと思う。

〈解釈〉お母さん、または私が隠した。〈根拠〉「彼が出ていった後、母と私とは彼の境遇を思ってため息をついた。」とある。〈理由〉直接ルントウに渡すのは失礼だと思い、そっと隠しておき、受け取ってもらおうと思ったのではないか。

〈解釈〉シュイション。〈根拠〉「彼は品物を選び出した。」とある。この時にシュイションはルントウと一緒にいた。〈理由〉遊んでいて隠したとか、父さんに内緒で隠したという可能性もある。

〈解釈〉他の客。〈根拠〉「客も多かった」とある。〈理由〉貧しい暮らしをしている客がたくさんいたことであろう。その中の１人が隠していても不思議ではない。

■深い学びに導くポイント

　この問いには答えはありません。「答えのないことを聞いても意味がない」と立腹される先生もいるかもしれません。実は、若いころの筆者もそう思っていました。「単に授業が盛り上がるというだけの発問じゃないだろうか、これを尋ねることで作品の読みに何か新たな発見があるのだろうか」と。

　しかし、筆者も馬齢を重ねて、こういう問いにも意味があることに気づき

第４章　実践編　中学校　定番教材でのアクティブ・リーディングの授業　127

ました。それは，〈回収されない謎〉があることの意味です。前出の〈マクガフィン〉同様に，解決しないからよいことがあるということです。これは物語世界だけにとどまらない社会全般にも敷衍できる認識かもしれません。

　村上春樹の作品には，解決しない謎が数多くあります。「その後，羊男はどうなったの？」「結局，リトルピープルは何だったの？」という謎が，どこにも整理されずに回収されないまま漂っています。考えてみれば，私たちの実生活でも，〈回収されない謎〉や解決しそうもない問題に溢れています。きっと，その落ち着かなさを楽しむことができると，閉塞感のある世の中を少しは余裕をもって眺めることができるのでしょう。

　「ああでもない，こうでもない」と仮説を立てるのは，〈読み〉の楽しさの１つです。〈回収されない謎〉があるからこそ，作品が俄然面白くなるということも生徒たちに教えておきたいものです。

内化　獲得する〈読み方〉❷

　【回収されない謎】

外化　〈読み方〉を活用させる❷

　これまでと同様に，漫画やアニメ，映画やドラマにそのパターンを探させてみましょう。興行しているアニメ映画を話題にするとタイムリィです。宮崎駿監督の「千と千尋の神隠し」で，「なぜ，千は豚の中に両親がいないと判断できたのか」といった例をあげるとよいでしょう。

リフレクション　次のテーマを与えてノートに書かせる❷

　【アナロジー】ここでも，「回収されない謎のある話」といったテーマで，好きな漫画やドラマ，アニメや映画について書かせては如何でしょうか。

7.　第4次の授業

■本時のねらい

　複数の登場人物の言動や情景描写を響き合わせる活動を通して，作品を一貫している秩序を自分なりに説明することができる。

コンフリクトを生む〈発問〉❸

「私」の心情が最も大きく変化したのはどこでしょう。
A 「『旦那様！ ……』」とルントウに言われたところ
B 「古い家はますます遠くなり，故郷の……」のところ
C 「今，自分は，自分の道を歩いているとわかった。」ところ
D 「希望という考えが浮かんだので，私は……」のところ
（補助発問）「私」の考えや心情の変化の一番大きい場面をそこだと考えると，どんなメッセージが見えてきますか。

【「旦那様！ ……」と言われたところ】

〈根拠〉「身震いした」とある。〈理由〉身震いするくらいショックなことは，そうあるものではない。相当なショックだ。

〈根拠〉「私は口がきけなかった。」とある。〈理由〉口がきけなくなるくらいに衝撃的なことは，滅多にない。

〈根拠〉「ああルンちゃん」と言った言葉に「旦那様」と返答された。〈理由〉「ちゃん付け」で呼べば，普通は「ちゃん付け」で返すものだ。

〈根拠〉「旦那様！」に，「！」が付いている。〈理由〉これは，それだけ主人公にとって，「ビックリすること」だということだ。

〈メッセージ〉「友だちとの仲を大切にしよう」

「仲間が変わってしまっても，あまり凹まないようにしよう」

「身分などに左右されない友だちとの絆を築いていきたい」

【「古い家はますます遠くなり，故郷の山や水もますます……」のところ】

〈根拠〉「小英雄の面影は……急にぼんやりしてしまった。」とある。〈理由〉灰の山からみつけたお椀や皿の話を聞いたことも重なり，故郷を離れるにあたり，故郷のことがすべてどうでもよくなった感じがする。題名も故郷だ。物理的にも心理的にも故郷を離れるのがここだ。

【「今，自分は，自分の道を歩いているとわかった。」ところ】

第4章 実践編 中学校 定番教材でのアクティブ・リーディングの授業 129

〈根拠〉「希望をいえば」と書いてある。〈理由〉この前までは，「気がめいる」「悲しい」といった気持ちだったのに，ここから明るくなっている。マイナスの気持ちがプラスに変わった。

〈根拠〉ここまでは過去のことを振り返っている。ここから先は，「若い世代」や「新しい生活」のことを語っている。〈理由〉過去から未来へと思考の時間軸が変化した。

〈根拠〉「自分は，自分の道を歩いているとわかった。」とある。〈理由〉ここで，「ルントウ」や「ヤンおばさん」といった，他人のことはどうでもいい，ひとはひと，自分は自分と区切りを付けた。そして，自分は自分の道をしっかり歩もうと決意している。

〈メッセージ〉「落ち込むことがあっても，きちんと気持ちを整理できる人でありたい」「過去ばかり振り返らず，前を向いて歩きたい」

【「希望という考えが浮かんだので，私はどきっとした。」ところ】

〈根拠〉「どきっとした。」とある。〈理由〉誰かに何かされたわけでもないのに，自分の世界で考えている時に「どきっとした」というのは，よほど，大きな発見をしたということだ。

〈根拠〉ルントウの所望したものと自分の希望が同じことに気づいた。〈理由〉どちらも，同じように他人に期待しているにすぎない希望だということだ。ここまでは，気持ちの変化や，考える際の目線の変化が語られているが，ここでは，考えの中身の変化が語られている。

〈根拠〉「歩く人が多くなれば，それが道になるのだ。」と希望の中身を理解したのがここだから。〈理由〉ここまでは，私は，自分では何もしようとしないで，勝手に傷ついたり勝手に落ち込んだりしている。でも，ここで，自分がまず希望に向けて歩き出さないといけないと気づいた。ここで，他者に頼るのではなく，まず最初に自分が努力することが大切なんだと気づいたから。

■深い学びに導くポイント

「手製の偶像」を基に，最後の「海辺の月にまつわる光景」を読み解くと，

「他力本願」から「自力本願」への転換が読み取れます。そして，多くの実践家が紹介しているとおり，回想場面と最後の場面に登場する「海辺の光景」の〈対比〉によって，その視点の移動の相違の意味を解釈させることを通して，「希望を実現する意思」を確認することができます。

　最後の場面の〈読み〉を通して，高校受験を目前に控えた子どもたちにエールを贈ることができるわけです。例えば，次のように語るのも１つです。

　「高校入試が近づいてますね。調子はどうですか。あなたが希望に向けて努力すれば，その姿を見ている周囲の人たちは，きっとあなたを応援するでしょう。世の中は，そんなふうに成り立っています。『歩く人が多くなれば，それが道になるのだ』には，自分自身が希望に向けて歩きはじめることを出発点にしています。

　希望に向けて努力する人には，自然なオーラが発せられます。そして，周囲の人々はそのオーラに引き寄せられます。ですので，希望に向けて頑張っている人に対して，人々は応援したり協力したりしたくなるのです。そして，応援されると，一層頑張れるんです。希望も実現しやすくなるわけです。

　さて，進路実現が間近です。

　目標に向かって精一杯努力している皆さんを私は応援しています。」

　ただ，こういった教師の読みの提示は，子どもの読みを限定させますし，この語りは何より道徳的な教師の押し付けであります。

　筆者はそれを自覚したうえで，受験前の子どもたちに，上記のように語りたいと思います。

リフレクション　板書を視写させ，感想をまとめさせる❸

　【板書】希望を実現するには，まず自分が希望に向けて歩き出すこと。賛
　　　　同してくれる人が多くなれば，その希望は実現する。

　なお，本時で義務教育最後の小説の授業が終わります。

　本時は，「内化」も「外化」も確認せず，自分が作品をどう受け止めたのか，それを自分の進路と絡めてまとめる従来の授業でよいと筆者は思います。

　【指示】感想をまとめてください。

【注釈】

※1　ベネッセ教育総合研究所の「第5回学習基本調査」データブックによる。
http://berd.benesse.jp/shotouchutou/research/detail1.php?id=4801（最終取得2016年12月26日）

※2　ベネッセ教育総合研究所「第4回学習基本調査報告書・国内調査　小学生版」による。
http://berd.benesse.jp/berd/center/open/report/gakukihon4/syo/hon2_1_01.html（最終取得2016年12月26日）

※3　「もし……なら，……」という仮言命題の有効性については，以下の学術論文で説明している。
佐藤佐敏　2009「読みの方略が転移する可能性―作品を解釈する仮定スキルが他の読みの場面で活用される条件―」全国大学国語教育学会編『国語科教育』第六十五集

※4　西郷竹彦（1995：29-30）を参照した。

※5　この原理は，宮川健郎（2013：126-128）から学んだ。

※6　記憶の獲得から再固定化までは，中沢一俊（2008：177-186）を参考とした。

※7　村山航（2003：130）は，「重要になってくるのは，方略に対する有効性の認知である。」と述べている。

※8　既有知識と解釈の深度の関係については，以下の論文で詳述している。
佐藤佐敏　2012「既有知識が解釈の深度に与える影響―「ごんぎつね」における解釈をめぐって―」『新潟大学教育学部紀要』第5巻第1号

※9　本件については，以下で詳述している。
佐藤佐敏　2013『思考力を高める授業　作品を解釈するメカニズム』三省堂

※10　『新編中原中也全集第1巻詩I解題篇』（中原中也著　大岡昇平ほか編2000：326-327）には，次のように記されている。「本篇の第一次形態（「新女苑」）の制作時期については，詩の内容から，昭和一一年一一月一〇日の文也の死以前であろうと推定される。」

※11　円山夢久（2012）は，脚本のパターンとして，「ヒーローもの」「ラブコメディ」などとともに，「バディもの」を紹介している。

※12　この俳句は，石田波郷の句集『風切』の補遺として残っている。この俳句が作られたのは，ちょうど波郷の長男である修大氏が生まれた年だった。波郷が

どこまでの含意でこの俳句を生み出したかは不明だが，上記のように〈メタファー〉で捉えると，作品の世界は広がる。

※13　この問いは，西郷竹彦（1979：26-29）から頂戴した。

※14　「かさこじぞう」については以下の実践発表を参考にしている。
住江めぐみ　2016.8「主張・根拠・理由づけの交流を軸とした授業づくり」（大阪国語探究の会発表）
小野樹　2015.11「昔話を読んで語り発表会を開こう」（全国小学校国語教育研究大会新潟大会発表）
中野裕己　2016.12「ふるさとの民話の魅力を考え，発信する」（新潟音読研究会発表）

※15　第3章実践編「ごんぎつね」の教材解釈については，鶴田清司（1993）と府川源一郎（2000）を参考としている。また，実際の授業を想定した発問については，畑智（2015）「ごんぎつね」実践発表（新潟国語シンキングキャンプ）を参考にしていた。

※16　小野ほたる　2016『読み書き関連学習に関する研究─視点人物を替えたリライト学習の可能性と課題─』（非売品）

※17　2つの発問は，浜上薫　2008『「分析批評」で思考力を育てる』（明治図書）から頂戴した。

※18　「あなたなら，どこで気づきましたか」の後に「なぜ，二人は気づかなかったのですか」と尋ねる一連の発問は，岩崎直哉　2016「注文の多い料理店」実践発表（新潟国語シンキングキャンプ）から頂戴した。

※19　「たくらみが成功したかどうか」を考えた後に，「山猫の目的は何だったのか」を尋ねる一連の発問は，柴澤明子　2015「注文の多い料理店」実践発表（新潟国語シンキングキャンプ）から頂戴した。

※20　ここにあげた「もし，あなたなら……」の2つの発問は，松島慎一郎　2015「大造じいさんとがん」実践発表と「風切るつばさ」実践発表（いずれも新潟国語シンキングキャンプ）から頂戴した。

※21　「少年の日の思い出」における教材解釈は，宇佐美寛（1983）の教材解釈を参照としている。

※22　例えば，太宰治には，次のような冒頭で始まる作品がある。
太宰治（1989a）「拝啓。／　一つだけ教えてください。困っているのです。……」

太宰治（1989b）「子供より親が大事，と思いたい。子供のために，などと古
風な道学者みたいな夢を殊勝らしく考えてみても，何，子供よりも，その親の
ほうが弱いのだ。」

※23　特撮番組「ウルトラマン」の監督をしていた実相寺昭雄（2006：278）は，
「ウルトラマンはヒーローとして，たしかにすばらしい力をぼくたちにあたえ
てくれたが，つくり手のぼくたちが愛おしく思っていたのは，怪獣たちじゃな
かったろうか。……（引用者中略）……みんな怪獣が好きだった。……（引用
者中略）……その，スタッフの心を，みんなに見てもらいたくて，知ってもら
いたくて，怪獣づくりに励んでいたような気がする。」と述べている。

※24　K・イグシアス（2016）とK．M．ワイランド（2014）を参考にしている。

※25　本発問は，高橋由貴 2016「国語科教材としての太宰治『走れメロス』論」
（福島国語の会発表）から頂戴した。

※26　本発問は，佐藤崇史（2013：16-17）から頂戴した。

【文献】

В・Я・プロップ著　北岡誠司・福田美智代訳 1987『昔話の形態学』水声社

K．M．ワイランド著　シカ・マッケンジー訳 2014『ストラクチャーから書く小説再入門　個性は「型」にはめればより生きる』フィルムアート社

K・イグレシアス著　島内哲朗訳 2016『「感情」から書く脚本術　心を奪って釘づけにする物語の書き方』フィルムアート社

M・バレ　M・トッリネン　R・コスキパー著　北川達夫ほか訳 2006『フィンランド国語教科書』経済界

池田久美子 2008「読み書きにおける「論理的思考」―「教室語」が考える力を奪う」『教育と医学』56巻9号

石原千秋 2005『国語教科書の思想』ちくま新書　筑摩書房

井関義久 1984『国語教育の記号論―「批評の学習」による授業改革』明治図書

井上尚美 2007『思考力育成への方略―メタ認知・自己学習・言語論理―〈増補新版〉』明治図書

市川伸一 1993『学習を支える認知カウンセリング―心理学と教育の新たな接点』ブレーン出版

宇佐美寛 1983『授業の理論をどう作るか』明治図書

内田樹 2008『知に働けば蔵が建つ』文春文庫　文藝春秋

内田樹 2009『構造主義的日本論　こんな日本でよかったね』文藝春秋

内田樹 2010『街場のアメリカ論』文春文庫　文藝春秋

内田樹 2011『ハリウッド映画で学べる現代思想　映画の構造分析』文春文庫　文藝春秋

内田樹 2012a『街場の文体論』ミシマ社

内田樹 2012b『街場の読書論』太田出版

大西忠治 1991『大西忠治「教育技術」著作集14』明治図書 p.23

大村はま 1984『大村はま国語教室7』筑摩書房

西郷竹彦 1968『教師のための文芸学入門』明治図書

西郷竹彦 1979『文芸の授業　理論と方法』明治図書

西郷竹彦 1995『西郷文芸学入門ハンドブック③虚構論入門』明治図書

佐藤佐敏 2008「PISAショックにどう対応するか」『現代教育科学』誌 No.622　明治図書

佐藤佐敏 2009「読みの方略が転移する可能性―作品を解釈する仮定スキルが他の読みの場面で活用される条件―」全国大学国語教育学会編『国語科教育』第六十五集

佐藤佐敏 2010「解釈におけるアブダクションの働き―C.S.Peirce の認識論に基づく「読みの授業論」の構築―」全国大学国語教育学会編『国語科教育』第六十七集

佐藤佐敏 2011「解釈する力を高める話合い―解釈のアブダクションモデルに基づく発問と話合い―」全国大学国語教育学会編『国語科教育』第六十九集

佐藤佐敏 2012「解釈は仮説的推論である」日本国語教育学会編『月刊国語教育研究』No.481

佐藤佐敏 2013『思考力を高める授業　作品を解釈するメカニズム』三省堂

佐藤佐敏 2016「叙述の響き合いと作品の秩序―作品「海のいのち」の授業における言語主義を超えて―」全国大学国語教育学会編『国語科教育研究第130回新潟大会研究発表要旨集』

佐藤崇史 2013「対話を通して読みの深化・拡充を図る授業づくり」福島大学附属中学校編『教育研究集第74集　学び続ける生徒の育成』

実相寺昭雄 2006『ウルトラマン誕生』ちくま文庫　筑摩書房

清水良典 2012『あらゆる小説は模倣である。』幻冬舎新書　幻冬舎

田家秀樹 1984『33回転の愛のかたち―あなたはユーミン？それともみゆき？』CBS ソニー出版

太宰治 1989a「トカトントン」『太宰治全集 8』ちくま文庫　筑摩書房

太宰治 1989b「桜桃」『太宰治全集 9』ちくま文庫　筑摩書房

谷川雁 1985『賢治初期童話考』潮出版社

鶴田清司 1993『「ごんぎつね」の〈解釈〉と〈分析〉』明治図書

鶴田清司 2010「新美南吉「ごんぎつね」の授業実践史」浜本純逸監修『文学の授業づくりハンドブック』渓水社

鶴田清司・河野順子 2012『国語科における対話型学びの授業をつくる』明治図書

寺崎賢一 1988『「分析の技術」を教える授業』明治図書

長崎伸仁ほか編著 2016a『「判断」をうながす文学の授業　気持ちを直接問わない授業展開』三省堂

長崎伸仁 2016b『小学校国語　物語の「脇役」から迫る　全員が考えたくなるしかける発問36』東洋館出版社

中沢一俊 2008「記憶」甘利俊一監修　田中啓治編『シリーズ脳科学❷認識と行動の脳科学』東京大学出版会

中原中也　大岡昇平ほか編 2000『新編中原中也全集第1巻詩I解題篇』角川書店

府川源一郎 2000『「ごんぎつね」をめぐる謎』教育出版

福岡伸一 2007『生物と無生物のあいだ』講談社現代新書　講談社

松下佳代編 2015『ディープ・アクティブラーニング』勁草書房

円山夢久 2012『「物語」のつくり方入門7つのレッスン』雷鳥社

宮川健郎 2009「「声の文化」としての「伝統的な言語文化」」『ことばの学び』Vol.21　三省堂

宮川健郎 2013『物語もっと深読み教室』岩波ジュニア新書　岩波書店

向山洋一 1983『授業の腕をみがく』明治図書

村山航 2003「学習方略の使用と短期的・長期的な有効性の認知との関係」日本教育心理学会『教育心理学研究』51巻

村上春樹 1980『1973年のピンボール』講談社

森朋子 2015「反転授業」松下佳代編『ディープ・アクティブラーニング』勁草書房

山元隆春 1994「読みの『方略』に関する基礎論の検討」『広島大学学校教育学部紀要第I部』第16巻

おわりに

　「この教材で発見させた作品の〈構造〉や〈原理〉は，子どもたちがディ
ズニー映画を見る時に，きっと思い出すだろう……」
　「この教材で獲得させた〈読みの方略〉は，子どもたちが他の作品を読む
時に，少しは役立つのではないかな……」
　授業後，教師がこのような思いをもてると，教師も授業をした自己有用感
を今まで以上に味わえるのではないでしょうか。
　そして，「先生，昨日読んだ絵本『○○』も，教科書で授業した『○○』
と似ていたよ，というのはね……」という声が実際に聞かれたとしたら，教
師として大きな喜びを感じることでしょう。
　筆者は，そういった声が聞こえる教室を期待して執筆しました。

　従来の授業では，〈家庭の文化資本〉の高い子どもたちが挙手をして主体
的に感想を述べていました。そこには，挙手をして感想を述べることができ
ず，いつも聞き役に回っている子どもがいました。
　本書はその〈家庭の文化資本〉の格差を提案の起点としています。
　そして，「授業で獲得した作品の〈構造〉や〈原理〉を，他の作品で調べ
てみたい」という気持ちにさせることで，読書意欲を醸成することをねらい
ました。読書習慣は一朝一夕に出来上がるものではありません。が，ここで
提案した授業を繰り返すことで，書籍に手を伸ばす子どもが増えていくと期
待しています。

　また，本書では，子どもの感想のズレを顕在化してコンフリクトに基づく
〈問い〉を用意することで，〈学び〉が起動することを提案しました。
　コンフリクトが生じることで，授業は活性化します。

本書に掲載した学習を積み重ねることで，子どもたちは，ここにあげた〈問い〉のパターンを学び，それによって様々な〈問い〉を抱くことができるようになるでしょう。コンフリクトに基づく授業を積み重ねると，そうでない授業を受けるよりも，追究すると楽しい〈問い〉をもつ子どもが増えることでしょう。現に，筆者の演習を複数受講している筆者の研究室のゼミ生たちは，教材研究の際にワクワクする〈問い〉を発しています。

　小学生や中学生においても，同じような〈転移〉が生まれるものと筆者は期待しています。

　本書では，様々な〈読みの方略〉を提示しました。

　しかしながら，現段階では，本書で提示した〈読みの方略〉の有益性が，他の〈読みの方略〉より優先順位が高いのかどうか明らかになっていません。重要な〈読みの方略〉が欠落している可能性もあります。本書の提案を1つの踏み台として，これらの議論が活発になることを筆者は望んでいます。

　同様に本書で提示した作品の〈構造〉や〈原理〉についても，より標準化しているものもあるでしょう。本実践編では，〈コンフリクト〉→〈内化〉という展開がスムーズになる定番教材を対象としました。重要な作品の〈構造〉や〈原理〉が欠落していた場合は，ご指摘いただきたく存じます。

　また，指定されている単元の時数内で，〈外化〉に関するアクティビティを実施するのは，なかなか困難です。現実的には，他教材を用意して並行読書をする余裕はないかもしれません。また，本書の中で筆者は，「〈リフレクション〉が大切であり，方略の有用性の認知が学習の転移の条件である」と述べましたが，その条件をクリアできた手立てを掲載できているとは言い難いところがあります。〈外化〉と〈リフレクション〉の多様な方法についても，今後，さらに練り上げていく必要があります。

　ここまで，筆者が自覚している今後の課題を記しました。

　このほかにも，小学校低学年に提示した発問は難しすぎるのではないか，

おわりに　139

小学校低学年では，〈学習の転移〉の方法論は適応しにくいのではないか，といった疑問もあがることでしょう。ご批正を頂戴する次第です。

しかし，今後の課題はありますが，本書はこれまでの国語科教育が重視していなかった数々の問題を顕在化し，新しい提言をすることができたと思っています。

殊に，平成29年に文科省が公示した学習指導要領改訂のポイントである，「何ができるようになるかを（国語の文学の授業で）明確化」した点では，新しい試みの著作となります。

「何ができるようになるか」が明確化すると，国語嫌いの子どもを減少させることができます。特に，「理数系の教科は好きだけれども，答えのはっきりしない国語は嫌い」と思っている子どもが，「国語も結構面白いね」と言う確率はかなり高いものと予測しています。その結果，ここで示した授業は，〈家庭の文化資本〉の格差を埋めてくれることでしょう。

最終的には，〈読みの方略〉を獲得し，作品の〈構造〉や〈原理〉を習得した子どもたちが，それを他の作品に〈転移〉させることで，彼らの言語生活がこれまで以上に富裕化していくものと信じています。実生活の読書や，映画，ドラマ，アニメ，漫画といった様々なメディアの鑑賞へと〈学習の転移〉が図られていくことを期待します。

最後になりましたが，本書を執筆するにあたり，これまで国語科教育界を牽引して来られた多くの研究者と実践者に敬意を表します。先人である研究者と実践者の著作から，多くの知見を引用し，かつ参照しました。ここに，感謝申し上げます。

また，筆者が主宰する「新潟国語シンキングキャンプ」のメンバーにお礼を述べたいと思います。毎月キャンプで議論した教材解釈と実践分析が様々なアイデアとなり，本書の土台を築いています。キャンプのメンバー全員に感謝の意を伝えます（敬称略，五十音順）。

中原広司代表	相澤将貴	岩崎直哉
小林優介	柴澤明子	田川朗子
滝澤隆幸	中村昌亮	畑智
平野俊郎	藤田雄也	松島慎一郎
本宮直樹		

　そして，本書を執筆するにあたり明治図書の木山麻衣子様と大江文武様には大変お世話になりました。１項目２頁で読み切りとするフォーマットに落とし込む執筆は初めてでしたが，出来上がってみると，読みやすくなったと思っています。少し時間がかかりましたが，やっと脱稿するに至りました。心よりお礼申し上げます。

　本書が踏み台となり，〈読みの方略〉の〈転移〉をはかる授業についての議論が活発化することを期待してやみません。
　また，作品の〈構造〉や〈原理〉に気づいたり，各自の既有知識が更新されたりする〈深い学び〉のある授業が今まで以上に増えることを期待してやみません。
　少しでも多くの学級の子どもたちが，教室での学びと実際の言語生活を豊かに繋いで国語を好きになることを願い，ここにペンを置きます。

2017年７月

佐藤佐敏

【作品の索引】

小学校1年
　おおきなかぶ　　　　　　　33

小学校2年
　かさこじぞう　　　　　　　74
　お手紙　　　　　　　　　　62

小学校3年
　ちいちゃんのかげおくり　　80
　モチモチの木　　　　　　　37

小学校4年
　ごんぎつね　　52, 54, 58, 86
　白いぼうし　　　　　　　　27

小学校5年
　大造じいさんとがん　30, 65, 97
　注文の多い料理店　　　　　92
　春　　　　　　　　　　　　66

小学校6年
　やまなし　　　　　　　　　98
　海のいのち　　　　　　　　52
　風切るつばさ　　　　　　　97
　竜　　　　　　　　　　　　55

中学校1年
　少年の日の思い出　　67, 106
　水仙月の四日　　　　　　　98
　星の花が降るころに　　　　39
　月夜の浜辺　　　　　　　　59

中学校2年
　走れメロス　　　　　61, 114
　平家物語　　　　31, 55, 61
　短歌の鑑賞　　　　　　　　35
　小さな手袋　　　　　　　　65

中学校3年
　故郷　　　　　　　　　　124
　俳句　雀らも……　　　　　68

142

【著者紹介】

佐藤　佐敏（さとう　さとし）

新潟大学大学院現代社会文化研究科博士後期課程修了。博士（教育学）。

新潟県公立中学校教諭等を経て，平成27年4月より福島大学教授。

専門は国語科教育学。実践に役立つ授業理論の構築を目指している。

単著に『思考力を高める授業—作品を解釈するメカニズム』（三省堂）『学級担任これでいいのだ！　先生の気持ちを楽にする実践的教育哲学』（学事出版）『5分でできるロジカルシンキング簡単エクササイズ』（学事出版）がある。「方丈記」完成800周年記念エッセイコンテスト大賞受賞（平成24年11月，京都学問所主催）。

〔本文イラスト〕木村美穂

国語教育選書

国語科授業を変えるアクティブ・リーディング
―〈読みの方略〉の獲得と〈物語の法則〉の発見―

2017年9月初版第1刷刊　ⓒ著　者　佐　藤　佐　敏

発行者　藤　原　光　政

発行所　明治図書出版株式会社

http://www.meijitosho.co.jp

(企画)木山麻衣子(校正)大江文武・有海有理

〒114-0023　東京都北区滝野川7-46-1

振替00160-5-151318　電話03(5907)6702

ご注文窓口　電話03(5907)6668

＊検印省略

組版所　株　式　会　社　カ　シ　ヨ

本書の無断コピーは，著作権・出版権にふれます。ご注意ください。

Printed in Japan　ISBN978-4-18-259712-1

もれなくクーポンがもらえる！読者アンケートはこちらから →

国語教育選書シリーズ好評発売中！

主体的な読み手に育てる読むことの授業の実践的方略とは？

主体的な〈読者〉に育てる小学校国語科の授業づくり
―辞典類による情報活用の実践的方略―

中洌正堯・吉川芳則 編著

【図書番号：2608】Ａ５判・144頁・本体1,700円＋税

問いと判断の活動の拠りどころを「辞典類の活用」に置き、教材に使われている言葉の意味と辞典類の説明との差異に気づく「教材からの離陸」や差異を思考、協議、判断によって埋めていく「教材への着地」を集積し、文章・作品をメタ認知する〈読者〉に育てる授業を提案。

「根拠・理由付け・主張」で論理的思考力を育てる！

質の高い対話で深い学びを引き出す 小学校国語科「批評読みとその交流」の授業づくり

河野順子 編著

【図書番号：2313】Ａ５判・160頁・本体1,800円＋税

何が書かれてあるかだけではなく、いかに書かれてあるかの視点で子どもと筆者との見方・考え方の対話を引き起こし、主体的・対話的な学びを深める「批評読みとその交流」の授業づくり。質の高い課題設定やグループ学習なども含めた理論を８つの事例とともに詳しく紹介。

明治図書　携帯・スマートフォンからは **明治図書ONLINEへ** 書籍の検索、注文ができます。▶▶▶

http://www.meijitosho.co.jp　＊併記４桁の図書番号（英数字）でHP、携帯での検索・注文が簡単に行えます。

〒114-0023　東京都北区滝野川7-46-1　ご注文窓口　TEL 03-5907-6668　FAX 050-3156-2790